Promesas Eternas para Ti

Promesas Eternas para ti

Compilado por Christopher D. Hudson
y Lindsay Vanker

Editorial Vida

www.editorialvida.com

WWW.ZONDERVAN.COM

Promesas Eternas para Ti
de la Nueva Versión Internacional

La misión de EDITORIAL VIDA es proporcionar los recursos necesarios a fin de alcanzar a las personas para Jesucristo y ayudarlas a crecer en su fe.

© 2001 EDITORIAL VIDA
Miami, Florida 33166-4665

Publicado en inglés bajo el título:
God's Promises for You
© 1999 por *Zondervan Gifts*.

Diseño de cubierta: Big Picture Design / D² Design Works
Texto bíblico tomado de la Santa Biblia,
Nueva Versión Internacional.
© 1999 por la Sociedad Bíblica Internacional.
Reservados todos los derechos.

Publicado anteriormente con el título:
Promesas de Dios para Ti
ISBN 0-8297-3350-7

Categoría: Inspiración

Impreso en Estados Unidos de América
Printed in the United States of America

05 06 07 ❖ 07 06 05 04

Contenido

CONTENIDO

Prólogo

Joni Eareckson Tada

En el principio ya existía el Verbo, y el Verbo estaba con Dios, y el Verbo era Dios (Juan 1:1).

La Biblia nos revela el alma de Dios de una manera que ningún otro libro es capaz de hacerlo. Es historia, sabiduría y poesía. No tiene paralelo como compendio de teología, filosofía y ética. Es un tratado del evangelio que destila la esencia de nuestra relación con un Dios eterno.

Si bien la Biblia contiene todas esas cosas, el centro es una autobiografía. El todo de la Biblia es Dios. Incluso a través de la mayoría de las narraciones impresionantes e increíbles vemos que nos refleja el alma de Dios.

Cada frase nos dice algo de su alma.

La Palabra de Dios es un tesoro hoy. En todo lo que leas conocerás el alma de Dios, quien es el amante de tu alma.

Plan de Salvación

Billy Graham

La Biblia dice que estamos separados y alejados de Dios porque con terquedad le volvimos las espaldas y determinamos andar en la vida sin él. Esto es lo que la Biblia dice del pecado: escoger nuestro camino y no el de Dios, y no darle al Señor el lugar adecuado en nuestras vidas. La evidencia de todo está a nuestro alrededor, en el caos moral y el colapso de nuestro mundo. Los titulares nos gritan cada día que vivimos en un mundo quebrantado y devastado por el pecado.

A pesar de todo, el mensaje declara que Dios nos sigue amando. Está dispuesto a perdonarnos y a traernos de nuevo a él. Quiere que ahora mismo llenemos nuestras vidas de significado y propósito. Luego quiere que pasemos toda la eternidad con él en el cielo, libres para siempre del dolor y la pena y la muerte de este mundo. Más aun, Dios hizo todo lo posible para reconciliarnos con él. Lo hizo de manera que maraville a nuestra imaginación. En el plan de Dios, Jesucristo por su muerte en la cruz pagó el castigo por nuestros pecados, llevando la sentencia de Dios que merecíamos cuando murió en la cruz. Ahora, por su resurrección, Cristo rompió los lazos de la muerte y nos abrió un camino a la vida eterna. La resurrección también nos confirma constantemente que Jesús fue quien dijo que era: el unigénito Hijo de Dios, enviado del cielo a salvarnos de nuestros pecados. Ahora Dios abiertamente nos ofrece el regalo del perdón y la vida eterna.

Por último, este mensaje trata de nuestra respuesta. Como cualquier otro, el regalo de Dios de salvación no lo recibimos hasta que lo aceptemos y nos apropiemos de él. Dios hizo todo lo posible para brindarnos salvación. Sin embargo, nosotros debemos alcanzarlo en fe y aceptarlo.

¿Cómo lo hacemos?

Primero, confesando a Dios que somos pecadores y que necesitamos su perdón; después, arrepintiéndonos de nuestros pecados y, con la ayuda de Dios, regresando a él. Segundo, entregando nuestras vidas a Jesucristo como Señor y Salvador. El conocido versículo del Nuevo Testamento lo dice de forma concisa: «Porque tanto amó Dios al mundo, que dio a su Hijo unigénito, para que todo el que cree en él no se pierda, sino que tenga vida eterna. Dios no envió a su Hijo al mundo para condenar al mundo, sino para salvarlo por medio de él.» En su gracia, hoy Dios nos invita a recibir a su Hijo en nuestras vidas.

Si aún no lo has hecho, te invito a que ahora mismo inclines tu cabeza y mediante una sencilla oración de fe abras tu corazón a Jesucristo. Dios nos recibe tal y como estamos. No importa quiénes seamos, ni lo que hayamos hecho, somos salvos solo por lo que Jesucristo hizo por nosotros. Yo no iré al cielo porque predico a grandes multitudes. Iré al cielo por una razón: Jesucristo murió por mí y solo confío en él para mi salvación. Cristo murió también por ti y voluntariamente te ofrece el regalo de vida eterna si le entregas tu vida a él.

Cuando lo hagas, te convertirás en un hijo de Dios, adoptado en su familia para siempre. Además, viene a vivir en ti y comenzará a cambiarte por dentro. Ninguno que le entregue de verdad su vida a él será el mismo porque la promesa de su Palabra es verdad: «Por lo tanto, si alguno está en Cristo, es una nueva creación. ¡Lo viejo ha pasado, ha llegado ya lo nuevo! Todo esto proviene de Dios, quien por medio de Cristo nos reconcilió consigo mismo y nos dio el ministerio de la reconciliación» (2 Corintios 5:17-18).

En todas partes del mundo hemos visto en innumerables ocasiones que esto sucede y puede pasar en tu vida también. Abre tu vida a Cristo hoy.

Promesas Eternas

Aceptación

JUAN 6:37
Todos los que el Padre me da vendrán a mí; y al que a mí viene, no lo rechazo.

1 TIMOTEO 2:3-4
Esto es bueno y agradable a Dios nuestro Salvador, pues él quiere que todos sean salvos y lleguen a conocer la verdad.

ROMANOS 15:7
Por tanto, acéptense mutuamente, así como Cristo los aceptó a ustedes para gloria de Dios.

LUCAS 15:6-7
[El pastor] reúne a sus amigos y vecinos, y les dice: «Alégrense conmigo; ya encontré la oveja que se me había perdido.» Les digo que así es también en el cielo: habrá más alegría por un solo pecador que se arrepienta, que por noventa y nueve justos que no necesitan arrepentirse.

1 TIMOTEO 4:9-10

Este mensaje es digno de crédito y merece ser aceptado por todos. En efecto, si trabajamos y nos esforzamos es porque hemos puesto nuestra esperanza en el Dios viviente, que es el Salvador de todos, especialmente de los que creen.

SANTIAGO 2:2-4

Supongamos que en el lugar donde se reúnen entra un hombre con anillo de oro y ropa elegante, y entra también un pobre desarrapado. Si atienden bien al que lleva ropa elegante y le dicen: «Siéntese usted aquí, en este lugar cómodo», pero al pobre le dicen: «Quédate ahí de pie» o «Siéntate en el suelo, a mis pies», ¿acaso no hacen discriminación entre ustedes, juzgando con malas intenciones?

ROMANOS 14:1

Reciban al que es débil en la fe, pero no para entrar en discusiones.

MATEO 7:2

Porque tal como juzguen se les juzgará, y con la medida que midan a otros, se les medirá a ustedes.

Adoración

1 CRÓNICAS 16:25

Porque el SEÑOR es grande,
y digno de toda alabanza;
¡más temible que todos los dioses!

SALMO 29:2

Tributen al SEÑOR la gloria que merece su nombre;
póstrense ante el SEÑOR en su santuario majestuoso.

ÉXODO 15:1-2

Cantaré al SEÑOR, que se ha coronado de triunfo
arrojando al mar caballos y jinetes.
El SEÑOR es mi fuerza y mi cántico;
él es mi salvación.
Él es mi Dios, y lo alabaré;
es el Dios de mi padre, y lo enalteceré.

SALMO 43:4

Llegaré entonces al altar de Dios,
del Dios de mi alegría y mi deleite,
y allí, oh Dios, mi Dios,
te alabaré al son del arpa.

SALMO 95:6

Vengan, postrémonos reverentes,
doblemos la rodilla
ante el SEÑOR nuestro Hacedor.

SALMO 100:2

Adoren al SEÑOR con regocijo.
Preséntense ante él
con cánticos de júbilo.

HEBREOS 12:28

Así que nosotros, que estamos recibiendo un reino
inconmovible, seamos agradecidos. Inspirados por
esta gratitud, adoremos a Dios como a él le agrada,
con temor reverente.

ROMANOS 12:1

Por lo tanto, hermanos, tomando en cuenta la misericordia de Dios, les ruego que cada uno de ustedes, en
adoración espiritual, ofrezca su cuerpo como sacrificio
vivo, santo y agradable a Dios.

MALAQUÍAS 4:2

Si no me hacen caso ni se deciden a honrar mi nombre —dice el SEÑOR Todopoderoso—, les enviaré una maldición, y maldeciré sus bendiciones. Ya las he maldecido, porque ustedes no se han decidido a honrarme.

JUAN 4:23-24

Pero se acerca la hora, y ha llegado ya, en que los verdaderos adoradores rendirán culto al Padre en espíritu y en verdad, porque así quiere el Padre que sean los que le adoren. Dios es espíritu, y quienes lo adoran deben hacerlo en espíritu y en verdad.

1 REYES 8:56-61

«¡Bendito sea el SEÑOR, que conforme a sus promesas ha dado descanso a su pueblo Israel! No ha dejado de cumplir ni una sola de las gratas promesas que hizo por medio de su siervo Moisés. Que el SEÑOR nuestro Dios esté con nosotros, como estuvo con nuestros antepasados; que nunca nos deje ni nos abandone. Que incline nuestro corazón hacia él, para que sigamos todos sus caminos y cumplamos los mandamientos, decretos y leyes que les dio a nuestros antepasados. Y que día y noche el SEÑOR tenga presente todo lo que le he suplicado, para que defienda la causa de este siervo suyo y la de su pueblo Israel,

según la necesidad de cada día. Así todos los pueblos
de la tierra sabrán que el SEÑOR es Dios, y que no
hay otro. Y ahora, dedíquense por completo al
SEÑOR nuestro Dios; vivan según sus decretos y
cumplan sus mandamientos, como ya lo hacen.»

SALMO 81:1-3

Canten alegres a Dios, nuestra fortaleza;
¡aclamen con regocijo al Dios de Jacob!
¡Entonen salmos!
¡Toquen ya la pandereta,
la lira y el arpa melodiosa!
Toquen el cuerno de carnero en la luna nueva,
y en la luna llena, día de nuestra fiesta.

Agradecimiento

COLOSENSES 3:16

Que habite en ustedes la palabra de Cristo con toda
su riqueza: instrúyanse y aconséjense unos a otros con
toda sabiduría; canten salmos, himnos y canciones
espirituales a Dios, con gratitud de corazón.

COLOSENSES 2:6-7

Por eso, de la manera que recibieron a Cristo Jesús
como Señor, vivan ahora en él, arraigados y edificados
en él, confirmados en la fe como se les enseñó, y
llenos de gratitud.

SALMO 107:8-9

¡Que den gracias al SEÑOR por su gran amor,
por sus maravillas en favor nuestro!
¡Él apaga la sed del sediento,
y sacia con lo mejor al hambriento!

SALMO 30:11-12

Convertiste mi lamento en danza;
me quitaste la ropa de luto
y me vestiste de fiesta,

para que te cante y te glorifique,
y no me quede callado.

1 CRÓNICAS 16:34

¡Alaben al SEÑOR porque él es bueno,
y su gran amor perdura para siempre!

SALMO 28:7

El SEÑOR es mi fuerza y mi escudo;
mi corazón en él confía;
de él recibo ayuda.
Mi corazón salta de alegría,
y con cánticos le daré gracias.

HEBREOS 12:28

Así que nosotros, que estamos recibiendo un reino
inconmovible, seamos agradecidos. Inspirados por
esta gratitud, adoremos a Dios como a él le agrada,
con temor reverente.

1 TESALONICENSES 5:18

Den gracias a Dios en toda situación, porque esta es
su voluntad para ustedes en Cristo Jesús.

Alabanza

1 CRÓNICAS 16:25

Porque el SEÑOR es grande,
y digno de toda alabanza;
¡más temible que todos los dioses!

SALMO 103:2-4

Alaba, alma mía, al SEÑOR,
y no olvides ninguno de sus beneficios.
Él perdona todos tus pecados
y sana todas tus dolencias;
él rescata tu vida del sepulcro
y te cubre de amor y compasión.

2 SAMUEL 22:47

¡El SEÑOR vive! ¡Alabada sea mi roca!
¡Exaltado sea Dios mi Salvador!

SALMO 28:6

Bendito sea el SEÑOR,
que ha oído mi voz suplicante.

1 PEDRO 1:3

¡Alabado sea Dios, Padre de nuestro Señor Jesucristo!
Por su gran misericordia, nos ha hecho nacer de
nuevo mediante la resurrección de Jesucristo, para que
tengamos una esperanza viva.

SALMO 52:9

En todo tiempo te alabaré por tus obras;
en ti pondré mi esperanza en presencia de tus fieles,
porque tu nombre es bueno.

SALMO 9:1-2

Quiero alabarte, SEÑOR, con todo el corazón,
y contar todas tus maravillas.
quiero alegrarme y regocijarme en ti,
y cantar salmos a tu nombre, oh Altísimo.

SALMO 139:14

¡Te alabo porque soy una creación admirable!
¡Tus obras son maravillosas,
y esto lo sé muy bien!

Amabilidad

MATEO 11:29

Carguen con mi yugo y aprendan de mí, pues yo soy
apacible y humilde de corazón, y encontrarán descanso para su alma.

COLOSENSES 3:12

Como escogidos de Dios, santos y amados, revístanse
de afecto entrañable y de bondad, humildad, amabilidad y paciencia.

1 PEDRO 3:3-4

Que la belleza de ustedes no sea la externa … Que su
belleza sea más bien la incorruptible, la que procede
de lo íntimo del corazón y consiste en un espíritu
suave y apacible. Ésta sí que tiene mucho valor
delante de Dios.

1 TIMOTEO 6:11

Tú … hombre de Dios, huye de todo eso, y esmérate
en seguir la justicia, la piedad, la fe, el amor, la constancia y la humildad.

EFESIOS 4:2

Siempre humildes y amables, pacientes, tolerantes unos con otros en amor.

FILIPENSES 4:5

Que su amabilidad sea evidente a todos. El Señor está cerca.

1 PEDRO 3:15

Honren en su corazón a Cristo como Señor. Estén siempre preparados para responder a todo el que les pida razón de la esperanza que hay en ustedes.

PROVERBIOS 15:1

La respuesta amable calma el enojo.

SALMO 37:11

Los desposeídos heredarán la tierra
y disfrutarán de gran bienestar.

Amistad

PROVERBIOS 17:17

En todo tiempo ama el amigo;
para ayudar en la adversidad nació el hermano.

ROMANOS 12:10

Ámense los unos a los otros con amor fraternal,
respetándose y honrándose mutuamente.

JUAN 15:13

Nadie tiene amor más grande que el dar la vida por
sus amigos.

ECLESIASTÉS 4:9-10

Más valen dos que uno,
porque obtienen más fruto de su esfuerzo.
Si caen, el uno levanta al otro.
¡Ay del que cae
y no tiene quien lo levante!

PROVERBIOS 18:24

Hay amigos que llevan a la ruina,
y hay amigos más fieles que un hermano.

PROVERBIOS 13:20

El que con sabios anda, sabio se vuelve;
el que con necios se junta, saldrá mal parado.

PROVERBIOS 27:17

El hierro se afila con el hierro,
y el hombre en el trato con el hombre.

PROVERBIOS 27:6

Más confiable es el amigo que hiere
que el enemigo que besa.

SALMO 133:1

¡Cuán bueno y cuán agradable es
que los hermanos convivan en armonía!

Amistad de Dios

APOCALIPSIS 3:20

Mira que estoy a la puerta y llamo. Si alguno oye mi voz y abre la puerta, entraré, y cenaré con él, y él conmigo.

JUAN 14:23

Le contestó Jesús: «El que me ama, obedecerá mi palabra, y mi Padre lo amará, y haremos nuestra vivienda en él.»

SANTIAGO 2:23

Así se cumplió la Escritura que dice: «Le creyó Abraham a Dios, y esto se le tomó en cuenta como justicia», y fue llamado amigo de Dios.

JUAN 15:15

Ya no los llamo siervos, porque el siervo no está al tanto de lo que hace su amo; los he llamado amigos, porque todo lo que a mi Padre le oí decir se lo he dado a conocer a ustedes.

1 CORINTIOS 1:9

Fiel es Dios, quien los ha llamado a tener comunión con su Hijo Jesucristo, nuestro Señor.

1 JUAN 1:3

Les anunciamos lo que hemos visto y oído, para que también ustedes tengan comunión con nosotros. Y nuestra comunión es con el Padre y con su Hijo Jesucristo.

OSEAS 11:4

Lo atraje con cuerdas de ternura,
lo atraje con lazos de amor.
Le quité de la cerviz el yugo,
y con ternura me acerqué para alimentarlo.

1 PEDRO 5:7

Depositen en él toda ansiedad, porque él cuida de ustedes.

JEREMÍAS 15:15

Tú comprendes, SEÑOR;
¡acuérdate de mí, y cuídame!

Amor de Dios

SALMO 145:8

El SEÑOR es clemente y compasivo,
lento para la ira y grande en amor.

SALMO 107:8-9

¡Que den gracias al SEÑOR por su gran amor,
por sus maravillas en favor nuestro!
¡Él apaga la sed del sediento,
y sacia con lo mejor al hambriento!

JEREMÍAS 31:3

Hace mucho tiempo se me apareció el SEÑOR y me
dijo:

«Con amor eterno te he amado;
por eso te sigo con fidelidad.»

ISAÍAS 54:10

Aunque cambien de lugar las montañas
y se tambaleen las colinas,
no cambiará mi fiel amor por ti
ni vacilará mi pacto de paz,
dice el SEÑOR, que de ti se compadece.

SALMO 103:17

El amor del SEÑOR es eterno
y siempre está con los que le temen.

OSEAS 2:19-20

Yo te haré mi esposa para siempre,
y te daré como dote el derecho y la justicia,
el amor y la compasión.
Te daré como dote mi fidelidad,
y entonces conocerás al SEÑOR.

EFESIOS 2:4-5

Dios, que es rico en misericordia, por su gran amor
por nosotros, nos dio vida con Cristo, aun cuando
estábamos muertos en pecados. ¡Por gracia ustedes
han sido salvados!

LAMENTACIONES 3:22-23

El gran amor del SEÑOR nunca se acaba,
y su compasión jamás se agota.
Cada mañana se renuevan sus bondades;
¡muy grande es su fidelidad!

Amor por Dios

MARCOS 12:29-31

«El más importante es: "Oye, Israel. El Señor nuestro
Dios es el único Señor —contestó Jesús—. Ama al
Señor tu Dios con todo tu corazón, con toda tu alma,
con toda tu mente y con todas tus fuerzas." El segundo es: "Ama a tu prójimo como a ti mismo." No hay
otro mandamiento más importante que éstos.»

MATEO 22:37

«Ama al Señor tu Dios con todo tu corazón, con todo
tu ser y con toda tu mente», le respondió Jesús.

DEUTERONOMIO 30:20

Ama al SEÑOR tu Dios, obedécelo y sé fiel a él,
porque de él depende tu vida, y por él vivirás mucho
tiempo en el territorio que juró dar a tus antepasados
Abraham, Isaac y Jacob.

SALMO 31:23

Amen al SEÑOR, todos sus fieles;
él protege a los dignos de confianza,
pero a los orgullosos les da su merecido.

1 JUAN 5:3

En esto consiste el amor a Dios: en que obedezcamos sus mandamientos. Y éstos no son difíciles de cumplir.

JUAN 14:21

¿Quién es el que me ama? El que hace suyos mis mandamientos y los obedece. Y al que me ama, mi Padre lo amará, y yo también lo amaré y me manifestaré a él.

JUAN 14:23

Le contestó Jesús:

—El que me ama, obedecerá mi palabra, y mi Padre lo amará, y haremos nuestra vivienda en él.

SALMO 91:14

«Yo lo libraré, porque él se acoge a mí;
lo protegeré, porque reconoce mi nombre.
Él me invocará, y yo le responderé.»

Amor por el prójimo

SANTIAGO 2:8

Hacen muy bien si de veras cumplen la ley suprema de la Escritura: «Ama a tu prójimo como a ti mismo.»

1 JUAN 4:19

Nosotros amamos a Dios porque él nos amó primero.

1 JUAN 4:7

Queridos hermanos, amémonos los unos a los otros, porque el amor viene de Dios, y todo el que ama ha nacido de él y lo conoce.

COLOSENSES 3:12-14

Como escogidos de Dios, santos y amados, revístanse de afecto entrañable y de bondad, humildad, amabilidad y paciencia, de modo que se toleren unos a otros y se perdonen si alguno tiene queja contra otro. Así como el Señor los perdonó, perdonen también ustedes. Por encima de todo, vístanse de amor, que es el vínculo perfecto.

HEBREOS 13:1

Sigan amándose unos a otros fraternalmente.

1 TESALONICENSES 4:9-10

En cuanto al amor fraternal, no necesitan que les escribamos, porque Dios mismo les ha enseñado a amarse unos a otros. En efecto, ustedes aman a todos los hermanos que viven en Macedonia. No obstante, hermanos, les animamos a amarse aun más.

1 JUAN 2:10

El que ama a su hermano permanece en la luz, y no hay nada en su vida que lo haga tropezar.

1 JUAN 4:18

El amor perfecto echa fuera el temor. El que teme espera el castigo, así que no ha sido perfeccionado en el amor.

MATEO 5:44-45

Yo les digo: Amen a sus enemigos y oren por quienes los persiguen, para que sean hijos de su Padre que está en el cielo. Él hace que salga el sol sobre malos y buenos, y que llueva sobre justos e injustos.

PROVERBIOS 17:9

El que perdona la ofensa cultiva el amor;
el que insiste en la ofensa divide a los amigos.

Andar diario

DEUTERONOMIO 5:33

Sigan por el camino que el SEÑOR su Dios les ha trazado, para que vivan, prosperen y disfruten de larga vida en la tierra que van a poseer.

PROVERBIOS 4:25-26

Pon la mirada en lo que tienes delante;
fija la vista en lo que está frente a ti.
Endereza las sendas por donde andas;
allana todos tus caminos.

GÁLATAS 5:25

Si el Espíritu nos da vida, andemos guiados por el Espíritu.

COLOSENSES 3:23

Hagan lo que hagan, trabajen de buena gana, como para el Señor y no como para nadie en este mundo.

1 TESALONICENSES 4:1

Por lo demás, hermanos, les pedimos encarecidamente en el nombre del Señor Jesús que sigan progresando en el modo de vivir que agrada a Dios, tal como lo aprendieron de nosotros. De hecho, ya lo están practicando.

1 TIMOTEO 6:11-12

Tú, en cambio, hombre de Dios, huye de todo eso, y esmérate en seguir la justicia, la piedad, la fe, el amor, la constancia y la humildad. Pelea la buena batalla de la fe; haz tuya la vida eterna, a la que fuiste llamado y por la cual hiciste aquella admirable declaración de fe delante de muchos testigos.

COLOSENSES 1:10

Vivan de manera digna del Señor, agradándole en todo. Esto implica dar fruto en toda buena obra, crecer en el conocimiento de Dios.

EFESIOS 5:15

Así que tengan cuidado de su manera de vivir. No vivan como necios sino como sabios.

PROVERBIOS 14:15

El ingenuo cree todo lo que le dicen;
el prudente se fija por dónde va.

Ánimo

2 TESALONICENSES 2:16-17

Que nuestro Señor Jesucristo mismo y Dios nuestro
Padre, que nos amó y por su gracia nos dio consuelo
eterno y una buena esperanza, los anime y les fortalezca el corazón, para que tanto en palabra como en
obra hagan todo lo que sea bueno.

SALMO 10:17

Tú, SEÑOR, escuchas la petición de los indefensos,
les infundes aliento y atiendes su clamor.

LAMENTACIONES 3:25-26

Bueno es el SEÑOR con quienes en él confían,
con todos los que lo buscan.
Bueno es esperar calladamente
a que el SEÑOR venga a salvarnos.
Bueno es que el hombre aprenda

JEREMÍAS 29:11

Porque yo sé muy bien los planes que tengo para ustedes —afirma el SEÑOR —, planes de bienestar y no
de calamidad, a fin de darles un futuro y una esperanza.

2 CORINTIOS 4:16

No nos desanimamos. Al contrario, aunque por fuera nos vamos desgastando, por dentro nos vamos renovando día tras día.

LAMENTACIONES 3:21-23

Pero algo más me viene a la memoria,
lo cual me llena de esperanza:
El gran amor del SEÑOR nunca se acaba,
y su compasión jamás se agota.
Cada mañana se renuevan sus bondades;
¡muy grande es su fidelidad!

SALMO 68:19

Bendito sea el Señor, nuestro Dios y Salvador,
que día tras día sobrelleva nuestras cargas.

SALMO 55:22

Encomienda al SEÑOR tus afanes,
y él te sostendrá;
no permitirá que el justo caiga
y quede abatido para siempre.

1 TESALONICENSES 5:11

Anímense y edifíquense unos a otros, tal como lo vienen haciendo.

Armadura de Dios

2 CORINTIOS 10:4

Las armas con que luchamos no son del mundo, sino que tienen el poder divino para derribar fortalezas.

EFESIOS 6:11

Pónganse toda la armadura de Dios para que puedan hacer frente a las artimañas del diablo.

ROMANOS 13:12

Por lo tanto, todo el que se opone a la autoridad se rebela contra lo que Dios ha instituido. Los que así proceden recibirán castigo.

1 TESALONICENSES 5:8

Nosotros que somos del día, por el contrario, estemos siempre en nuestro sano juicio, protegidos por la coraza de la fe y del amor, y por el casco de la esperanza de salvación.

EFESIOS 6:17

Tomen el casco de la salvación y la espada del
Espíritu, que es la palabra de Dios.

COLOSENSES 3:12

Por lo tanto, como escogidos de Dios, santos y amados, revístanse de afecto entrañable y de bondad,
humildad, amabilidad y paciencia.

HEBREOS 4:12

Ciertamente, la palabra de Dios es viva y poderosa, y
más cortante que cualquier espada de dos filos.
Penetra hasta lo más profundo del alma y del espíritu,
hasta la médula de los huesos, y juzga los pensamientos y las intenciones del corazón.

1 PEDRO 5:5

Así mismo, jóvenes, sométanse a los ancianos.
Revístanse todos de humildad en su trato mutuo,
porque
«Dios se opone a los orgullosos,
pero da gracia a los humildes».

Arrepentimiento

HECHOS 2:38

Arrepiéntase y bautícese cada uno de ustedes en el nombre de Jesucristo para perdón de sus pecados —les contestó Pedro—, y recibirán el don del Espíritu Santo.

HECHOS 3:19

Arrepiéntanse y vuélvanse a Dios, a fin de que vengan tiempos de descanso de parte del Señor.

ISAÍAS 30:15

Porque así dice el SEÑOR omnipotente, el Santo de Israel:

«En el arrepentimiento y la calma está su salvación, en la serenidad y la confianza está su fuerza, ¡pero ustedes no lo quieren reconocer!»

2 PEDRO 3:9

El Señor no tarda en cumplir su promesa, según entienden algunos la tardanza. Más bien, él tiene paciencia con ustedes, porque no quiere que nadie perezca sino que todos se arrepientan.

LUCAS 15:7

Les digo que así es también en el cielo: habrá más alegría por un solo pecador que se arrepienta, que por noventa y nueve justos que no necesitan arrepentirse.

ROMANOS 2:4

¿No ves que desprecias las riquezas de la bondad de Dios, de su tolerancia y de su paciencia, al no reconocer que su bondad quiere llevarte al arrepentimiento?

2 CORINTIOS 7:10

La tristeza que proviene de Dios produce el arrepentimiento que lleva a la salvación, de la cual no hay que arrepentirse, mientras que la tristeza del mundo produce la muerte.

2 CRÓNICAS 7:14

Si mi pueblo, que lleva mi nombre, se humilla y ora, y me busca y abandona su mala conducta, yo lo escucharé desde el cielo, perdonaré su pecado y restauraré su tierra.

EZEQUIEL 18:21

Si el malvado se arrepiente de todos los pecados que ha cometido, y obedece todos mis decretos y practica el derecho y la justicia, no morirá.

ISAÍAS 55:7

Que abandone el malvado su camino,
y el perverso sus pensamientos.
Que se vuelva al SEÑOR, a nuestro Dios,
que es generoso para perdonar,
y de él recibirá misericordia.

LUCAS 5:31-32

No son los sanos los que necesitan médico sino los
enfermos —les contestó Jesús—. No he venido a llamar a justos sino a pecadores para que se arrepientan.

LUCAS 15:10

Les digo que así mismo se alegra Dios con sus ángeles
por un pecador que se arrepiente.

Autoestima

JEREMÍAS 31:3

Hace mucho tiempo se me apareció el SEÑOR y me
dijo:

«Con amor eterno te he amado;
por eso te sigo con fidelidad.»

MATEO 10:29-31

¿No se venden dos gorriones por una monedita? Sin
embargo, ni uno de ellos caerá a tierra sin que lo per-
mita el Padre; y él les tiene contados a ustedes aun los
cabellos de la cabeza. Así que no tengan miedo; ustedes valen más que muchos gorriones.

ISAÍAS 43:4

A cambio de ti entregaré hombres;
¡a cambio de tu vida entregaré pueblos!
Porque te amo y eres ante mis ojos
precioso y digno de honra.

SALMO 100:3

Reconozcan que el SEÑOR es Dios;
él nos hizo, y somos suyos.
Somos su pueblo, ovejas de su prado.

Salmo 139:13-14

Tú creaste mis entrañas;
me formaste en el vientre de mi madre.
¡Te alabo porque soy una creación admirable!
¡Tus obras son maravillosas,
y esto lo sé muy bien!

Isaías 49:15-16

¿Puede una madre olvidar a su niño de pecho,
y dejar de amar al hijo que ha dado a luz?
Aun cuando ella lo olvidara,
¡yo no te olvidaré!
Grabada te llevo en las palmas de mis manos;
tus muros siempre los tengo presentes.

Efesios 1:5-6

Nos predestinó para ser adoptados como hijos suyos
por medio de Jesucristo, según el buen propósito de
su voluntad, para alabanza de su gloriosa gracia, que
nos concedió en su Amado.

Ayuda

HEBREOS 2:18

Por haber sufrido él mismo la tentación, puede socorrer a los que son tentados.

SALMO 72:12

Él librará al indigente que pide auxilio,
y al pobre que no tiene quien lo ayude.

SALMO 10:14

Pero tú ves la opresión y la violencia,
las tomas en cuenta y te harás cargo de ellas.
Las víctimas confían en ti;
tú eres la ayuda de los huérfanos.

ISAÍAS 59:1

La mano del SEÑOR
no es corta para salvar,
ni es sordo su oído para oír.

SALMO 46:1

Dios es nuestro amparo y nuestra fortaleza,
nuestra ayuda segura en momentos de angustia.

SALMO 28:7

El SEÑOR es mi fuerza y mi escudo;
mi corazón en él confía;
de él recibo ayuda.
Mi corazón salta de alegría,
y con cánticos le daré gracias.

SALMO 68:19

Bendito sea el Señor, nuestro Dios y Salvador,
que día tras día sobrelleva nuestras cargas.

ISAÍAS 50:9

¡El SEÑOR omnipotente es quien me ayuda!
¿Quién me condenará?
Todos ellos se gastarán;
como a la ropa, la polilla se los comerá.

HEBREOS 13:6

Así que podemos decir con toda confianza:
«El Señor es quien me ayuda; no temeré.
¿Qué me puede hacer un simple mortal?»

Bendiciones

SALMO 1:1-2

Dichoso el hombre
que no sigue el consejo de los malvados,
ni se detiene en la senda de los pecadores
ni cultiva la amistad de los blasfemos,
sino que en la ley del SEÑOR se deleita,
y día y noche medita en ella.

JEREMÍAS 17:7

Bendito el hombre que confía en el Señor,
y pone su confianza en él.

EFESIOS 1:3

Alabado sea Dios, Padre de nuestro Señor Jesucristo,
que nos ha bendecido en las regiones celestiales con
toda bendición espiritual en Cristo.

SALMO 31:19

Cuán grande es tu bondad,
que atesoras para los que te temen,
y que a la vista de la gente derramas
sobre los que en ti se refugian.

JUAN 1:16

De su plenitud todos hemos recibido gracia sobre gracia.

SALMO 103:2-3

Alaba, alma mía, al SEÑOR,
y no olvides ninguno de sus beneficios.
Él perdona todos tus pecados
y sana todas tus dolencias.

ROMANOS 10:12-13

No hay diferencia entre judíos y gentiles, pues el mismo Señor es Señor de todos y bendice abundantemente a cuantos lo invocan, porque «todo el que invoque el nombre del Señor será salvo».

SANTIAGO 1:17

Toda buena dádiva y todo don perfecto descienden de lo alto, donde está el Padre que creó las lumbreras celestes, y que no cambia como los astros ni se mueve como las sombras.

SALMO 16:11

Me has dado a conocer la senda de la vida;
me llenarás de alegría en tu presencia,
y de dicha eterna a tu derecha.

SALMO 65:4

¡Dichoso aquel a quien tú escoges,
al que atraes a ti para que viva en tus atrios!
Saciémonos de los bienes de tu casa,
de los dones de tu santo templo.

JEREMÍAS 31:14

Colmaré de abundancia a los sacerdotes,
y saciaré con mis bienes a mi pueblo»,
afirma el SEÑOR.

EZEQUIEL 34:26-27

Haré que ellas y los alrededores de mi colina sean una
fuente de bendición. Haré caer lluvias de bendición
en el tiempo oportuno. Los árboles del campo darán
su fruto, la tierra entregará sus cosechas, y ellas vivirán
seguras en su propia tierra. Y cuando yo haga pedazos
su yugo y las libere de sus tiranos, entonces sabrán
que yo soy el SEÑOR.

MALAQUÍAS 3:10

Traigan íntegro el diezmo para los fondos del templo, y así habrá alimento en mi casa. Pruébenme en esto —dice el SEÑOR Todopoderoso—, y vean si no abro las compuertas del cielo y derramo sobre ustedes bendición hasta que sobreabunde.

DEUTERONOMIO 11:26-27

Hoy les doy a elegir entre la bendición y la maldición: bendición, si obedecen los mandamientos que yo, el SEÑOR su Dios, hoy les mando obedecer.

GÉNESIS 12:2-3

Haré de ti una nación grande,
y te bendeciré;
haré famoso tu nombre,
y serás una bendición.
y maldeciré a los que te maldigan;
¡por medio de ti serán bendecidas
todas las familias de la tierra!

MATEO 5:3

Dichosos los pobres en espíritu, porque el reino de los cielos les pertenece.

Benevolencia

SANTIAGO 3:13

¿Quién es sabio y entendido entre ustedes? Que lo demuestre con su buena conducta, mediante obras hechas con la humildad que le da su sabiduría.

1 TESALONICENSES 5:21-22

Sométanlo todo a prueba, aférrense a lo bueno, eviten toda clase de mal.

SALMO 37:3

Confía en el SEÑOR y haz el bien;
establécete en la tierra y manténte fiel.

3 JUAN 11

El que hace lo bueno es de Dios.

EFESIOS 2:10

Somos hechura de Dios, creados en Cristo Jesús para buenas obras, las cuales Dios dispuso de antemano a fin de que las pongamos en práctica.

MATEO 5:16

Hagan brillar su luz delante de todos, para que ellos puedan ver las buenas obras de ustedes y alaben al Padre que está en el cielo.

GÁLATAS 6:10

Siempre que tengamos la oportunidad, hagamos bien a todos, y en especial a los de la familia de la fe.

GÁLATAS 6:9

No nos cansemos de hacer el bien, porque a su debido tiempo cosecharemos si no nos damos por vencidos.

ECLESIASTÉS 3:12

Yo sé que nada hay mejor para el hombre que alegrarse y hacer el bien mientras viva.

PROVERBIOS 12:2

El hombre bueno recibe el favor del SEÑOR, pero el intrigante recibe su condena.

SALMO 37:27

Apártate del mal y haz el bien, y siempre tendrás dónde vivir.

Benevolencia de Dios

SALMO 145:9

El SEÑOR es bueno con todos;
él se compadece de toda su creación.

SALMO 25:8

Bueno y justo es el SEÑOR;
por eso les muestra a los pecadores el camino.

NAHÚM 1:7

Bueno es el SEÑOR;
es refugio en el día de la angustia,
y protector de los que en él confían.

SALMO 31:19

Cuán grande es tu bondad,
que atesoras para los que te temen,
y que a la vista de la gente derramas
sobre los que en ti se refugian.

LAMENTACIONES 3:25

Bueno es el SEÑOR con quienes en él confían,
con todos los que lo buscan.

SALMO 27:13

Pero de una cosa estoy seguro:
he de ver la bondad del SEÑOR
en esta tierra de los vivientes.

2 PEDRO 1:3

Su divino poder, al darnos el conocimiento de aquel
que nos llamó por su propia gloria y potencia, nos ha
concedido todas las cosas que necesitamos para vivir
como Dios manda.

SALMO 16:2

Yo le he dicho al SEÑOR: «Mi SEÑOR eres tú.
Fuera de ti, no poseo bien alguno.»

ROMANOS 8:28

Ahora bien, sabemos que Dios dispone todas las cosas
para el bien de quienes lo aman, los que han sido llamados de acuerdo con su propósito.

Bondad

PROVERBIOS 11:16

La mujer bondadosa se gana el respeto;
los hombres violentos sólo ganan riquezas.

PROVERBIOS 11:17

El que es bondadoso se beneficia a sí mismo;
el que es cruel, a sí mismo se perjudica.

EFESIOS 4:32

Sean bondadosos y compasivos unos con otros, y
perdónense mutuamente, así como Dios los perdonó
a ustedes en Cristo.

COLOSENSES 3:12

Como escogidos de Dios, santos y amados, revístanse
de afecto entrañable y de bondad, humildad, amabilidad y paciencia.

2 PEDRO 1:5-7

Esfuércense por añadir a su fe, virtud; a su virtud,
entendimiento; al entendimiento, dominio propio; al

dominio propio, constancia; a la constancia, devoción a Dios; a la devoción a Dios, afecto fraternal; y al afecto fraternal, amor.

MATEO 7:12

Así que en todo traten ustedes a los demás tal y como quieren que ellos los traten a ustedes. De hecho, esto es la ley y los profetas.

PROVERBIOS 14:31

El que oprime al pobre ofende a su Creador,
pero honra a Dios quien se apiada del necesitado.

PROVERBIOS 19:17

Servir al pobre es hacerle un préstamo al SEÑOR;
Dios pagará esas buenas acciones.

1 CORINTIOS 13:4

El amor es paciente, es bondadoso. El amor no es envidioso ni jactancioso ni orgulloso.

1 TESALONICENSES 5:15

Asegúrense de que nadie pague mal por mal; más bien, esfuércense siempre por hacer el bien, no sólo entre ustedes sino a todos.

Bondad de Dios

JEREMÍAS 31:3

Hace mucho tiempo se me apareció el SEÑOR y me dijo:

«Con amor eterno te he amado;
por eso te sigo con fidelidad.»

OSEAS 11:4

Lo atraje con cuerdas de ternura,
lo atraje con lazos de amor.
Le quité de la cerviz el yugo,
y con ternura me acerqué para alimentarlo.

ISAÍAS 63:7

Recordaré el gran amor del SEÑOR,
y sus hechos dignos de alabanza,
por todo lo que hizo por nosotros,
por su compasión y gran amor.
¡Sí, por la multitud de cosas buenas
que ha hecho por los descendientes de Israel!

ROMANOS 2:4

¿No ves que desprecias las riquezas de la bondad de Dios, de su tolerancia y de su paciencia, al no reconocer que su bondad quiere llevarte al arrepentimiento?

JEREMÍAS 9:24

«Si alguien ha de gloriarse,
que se gloríe de conocerme
y de comprender que yo soy el SEÑOR,
que actúo en la tierra con amor,
con derecho y justicia,
pues es lo que a mí me agrada»
—afirma el SEÑOR.

JOB 10:12

Me diste vida, me favoreciste con tu amor,
y tus cuidados me han infundido aliento.

TITO 3:4-5

Cuando se manifestaron la bondad y el amor de Dios
nuestro Salvador, él nos salvó, no por nuestras propias
obras de justicia sino por su misericordia. Nos salvó
mediante el lavamiento de la regeneración y de la renovación por el Espíritu Santo.

EFESIOS 2:6-7

Y en unión con Cristo Jesús, Dios nos resucitó y nos hizo
sentar con él en las regiones celestiales, para mostrar en
los tiempos venideros la incomparable riqueza de su gracia, que por su bondad derramó sobre nosotros en Cristo
Jesús.

ROMANOS 11:22

Considera la bondad y la severidad de Dios: severidad
hacia los que cayeron y bondad hacia ti. Pero si no te
mantienes en su bondad, tú también serás desgajado.

Buenas Nuevas

1 PEDRO 1:3

¡Alabado sea Dios, Padre de nuestro Señor Jesucristo! Por su gran misericordia, nos ha hecho nacer de nuevo mediante la resurrección de Jesucristo, para que tengamos una esperanza viva.

JUAN 3:16

Porque tanto amó Dios al mundo, que dio a su Hijo unigénito, para que todo el que cree en él no se pierda, sino que tenga vida eterna.

JUAN 3:36

El que cree en el Hijo tiene vida eterna; pero el que rechaza al Hijo no sabrá lo que es esa vida, sino que permanecerá bajo el castigo de Dios.

COLOSENSES 1:19-20

A Dios le agradó habitar en él con toda su plenitud y, por medio de él, reconciliar consigo todas las cosas, tanto las que están en la tierra como las que están en el cielo, haciendo la paz mediante la sangre que derramó en la cruz.

ROMANOS 5:8

Dios demuestra su amor por nosotros en esto: en que cuando todavía éramos pecadores, Cristo murió por nosotros.

1 JUAN 4:10

En esto consiste el amor: no en que nosotros hayamos amado a Dios, sino en que él nos amó y envió a su Hijo para que fuera ofrecido como sacrificio por el perdón de nuestros pecados.

ROMANOS 5:17

Pues si por la transgresión de un solo hombre reinó la muerte, con mayor razón los que reciben en abundancia la gracia y el don de la justicia reinarán en vida por medio de un solo hombre, Jesucristo.

2 CORINTIOS 5:21

Al que no cometió pecado alguno, por nosotros Dios lo trató como pecador, para que en él recibiéramos la justicia de Dios.

EFESIOS 2:13

Ahora en Cristo Jesús, a ustedes que antes estaban lejos, Dios los ha acercado mediante la sangre de Cristo.

COLOSENSES 2:13-14

Antes de recibir esa circuncisión, ustedes estaban muertos en sus pecados. Sin embargo, Dios nos dio vida en unión con Cristo, al perdonarnos todos los pecados y anular la deuda que teníamos pendiente por los requisitos de la ley. Él anuló esa deuda que nos era adversa, clavándola en la cruz.

Búsqueda

HEBREOS 12:2-3

Fijemos la mirada en Jesús, el iniciador y perfeccionador de nuestra fe, quien por el gozo que le esperaba, soportó la cruz, menospreciando la vergüenza que ella significaba, y ahora está sentado a la derecha del trono de Dios. Así, pues, consideren a aquel que perseveró frente a tanta oposición por parte de los pecadores, para que no se cansen ni pierdan el ánimo.

1 TIMOTEO 4:9-10

Este mensaje es digno de crédito y merece ser aceptado por todos. En efecto, si trabajamos y nos esforzamos es porque hemos puesto nuestra esperanza en el Dios viviente, que es el Salvador de todos, especialmente de los que creen.

LUCAS 12:31

Busquen el reino de Dios, y estas cosas les serán añadidas.

AMÓS 5:14

Busquen el bien y no el mal, y vivirán;
y así estará con ustedes el SEÑOR Dios

Todopoderoso,
tal como ustedes lo afirman.

JEREMÍAS 29:13

Me buscarán y me encontrarán, cuando me busquen
de todo corazón.

LAMENTACIONES 3:25

Bueno es el SEÑOR con quienes en él confían,
con todos los que lo buscan.

GÁLATAS 6:8

El que siembra para agradar a su naturaleza
pecaminosa, de esa misma naturaleza cosechará
destrucción; el que siembra para agradar al Espíritu,
del Espíritu cosechará vida eterna.

SALMO 14:2

Desde el cielo el SEÑOR contempla a los mortales,
para ver si hay alguien
que sea sensato y busque a Dios.

Carácter

SANTIAGO 3:13

¿Quién es sabio y entendido entre ustedes? Que lo demuestre con su buena conducta, mediante obras hechas con la humildad que le da su sabiduría.

1 TIMOTEO 4:12

Que nadie te menosprecie por ser joven. Al contrario, que los creyentes vean en ti un ejemplo a seguir en la manera de hablar, en la conducta, y en amor, fe y pureza.

ROMANOS 12:17

No paguen a nadie mal por mal. Procuren hacer lo bueno delante de todos.

TITO 3:1

Recuérdales a todos que deben mostrarse obedientes y sumisos ante los gobernantes y las autoridades. Siempre deben estar dispuestos a hacer lo bueno.

PROVERBIOS 13:6

La justicia protege al que anda en integridad,
pero la maldad arruina al pecador.

SALMO 84:11

El SEÑOR es sol y escudo;
Dios nos concede honor y gloria.
El SEÑOR brinda generosamente su bondad
a los que se conducen sin tacha.

JOB 17:9

Su enojo se ha encendido contra mí;
me cuenta entre sus enemigos.

LUCAS 16:10

El que es honrado en lo poco, también lo será en lo
mucho; y el que no es íntegro en lo poco, tampoco
lo será en lo mucho.

2 CORINTIOS 1:12

Para nosotros, el motivo de satisfacción es el testimonio de nuestra conciencia: Nos hemos comportado en
el mundo, y especialmente entre ustedes, con la santidad y sinceridad que vienen de Dios. Nuestra conducta no se ha ajustado a la sabiduría humana sino a
la gracia de Dios.

Caridad

PROVERBIOS 14:21

Es un pecado despreciar al prójimo;
¡dichoso el que se compadece de los pobres!

SALMO 41:1-2

Dichoso el que piensa en el débil;
el SEÑOR lo librará en el día de la desgracia.
El SEÑOR lo protegerá y lo mantendrá con vida;
lo hará dichoso en la tierra
y no lo entregará al capricho de sus adversarios.

PROVERBIOS 28:27

El que ayuda al pobre no conocerá la pobreza;
el que le niega su ayuda será maldecido.

PROVERBIOS 19:17

Servir al pobre es hacerle un préstamo al SEÑOR;
Dios pagará esas buenas acciones.

MATEO 25:40

El Rey les responderá: «Les aseguro que todo lo que
hicieron por uno de mis hermanos, aun por el más
pequeño, lo hicieron por mí.»

PROVERBIOS 11:25

El que es generoso prospera;
el que reanima será reanimado.

MATEO 10:42

Y quien dé siquiera un vaso de agua fresca a uno de
estos pequeños por tratarse de uno de mis discípulos,
les aseguro que no perderá su recompensa.

PROVERBIOS 22:9

El que es generoso será bendecido,
pues comparte su comida con los pobres.

LUCAS 14:13-14

Más bien, cuando des un banquete, invita a los
pobres, a los inválidos, a los cojos y a los ciegos.
Entonces serás dichoso, pues aunque ellos no tienen
con qué recompensarte, serás recompensado en la resurrección de los justos.

2 CORINTIOS 9:7

Cada uno debe dar según lo que haya decidido en su
corazón, no de mala gana ni por obligación, porque
Dios ama al que da con alegría.

Celebración

ISAÍAS 61:10

Me deleito mucho en el SEÑOR;
me regocijo en mi Dios.
Porque él me vistió con ropas de salvación
y me cubrió con el manto de la justicia.
Soy semejante a un novio que luce su diadema,
o una novia adornada con sus joyas.

SALMO 30:11-12

Convertiste mi lamento en danza;
me quitaste la ropa de luto
y me vestiste de fiesta,
para que te cante y te glorifique,
y no me quede callado.
¡SEÑOR, mi Dios, siempre te daré gracias!

SALMO 149:3

Que alaben su nombre con danzas;
que le canten salmos al son de la lira y el pandero.

ISAÍAS 12:6

¡Canta y grita de alegría,
habitante de Sión;
realmente es grande, en medio de ti,
el Santo de Israel!

SOFONÍAS 3:17

El SEÑOR tu Dios está en medio de ti
como guerrero victorioso.
Se deleitará en ti con gozo,
te renovará con su amor,
se alegrará por ti con cantos

ÉXODO 15:2

El SEÑOR es mi fuerza y mi cántico;
él es mi salvación.
Él es mi Dios, y lo alabaré;
es el Dios de mi padre, y lo enalteceré.

SALMO 47:1-2

Aplaudan, pueblos todos;
aclamen a Dios con gritos de alegría.
¡Cuán imponente es el SEÑOR Altísimo,
el gran rey de toda la tierra!

IAÍAS 65:18-19

Alégrense más bien, y regocíjense por siempre,
por lo que estoy a punto de crear:
Estoy por crear una Jerusalén feliz,
un pueblo lleno de alegría.
Me regocijaré por Jerusalén
y me alegraré en mi pueblo;
no volverán a oírse en ella
voces de llanto ni gritos de clamor.

Certeza

PROVERBIOS 3:26

Porque el SEÑOR estará siempre a tu lado
y te librará de caer en la trampa.

HEBREOS 13:6

Así que podemos decir con toda confianza:
«El Señor es quien me ayuda; no temeré.
¿Qué me puede hacer un simple mortal?»

SALMO 27:3

Aun cuando un ejército me asedie,
no temerá mi corazón;
aun cuando una guerra estalle contra mí,
yo mantendré la confianza.

SALMO 23:4

Aun si voy por valles tenebrosos,
no temo peligro alguno
porque tú estás a mi lado;
tu vara de pastor me reconforta.

1 JUAN 4:16-17

Y nosotros hemos llegado a saber y creer que Dios nos
ama.

Dios es amor. El que permanece en amor, permanece
en Dios, y Dios en él. Ese amor se manifiesta plenamente entre nosotros para que en el día del juicio
comparezcamos con toda confianza, porque en este
mundo hemos vivido como vivió Jesús. En el amor
no hay temor.

ISAÍAS 32:17

El producto de la justicia será la paz;
tranquilidad y seguridad perpetuas serán su fruto.

1 JUAN 2:28

Y ahora, queridos hijos, permanezcamos en él para
que, cuando se manifieste, podamos presentarnos ante
él confiadamente, seguros de no ser avergonzados en
su venida.

HEBREOS 4:16

Acerquémonos confiadamente al trono de la gracia
para recibir misericordia y hallar la gracia que nos
ayude en el momento que más la necesitemos.

1 JUAN 5:14

Ésta es la confianza que tenemos al acercarnos a Dios:
que si pedimos conforme a su voluntad, él nos oye.

Cielo

APOCALIPSIS 22:14

Dichosos los que lavan sus ropas para tener derecho al árbol de la vida y para poder entrar por las puertas de la ciudad.

JUAN 14:2

En el hogar de mi Padre hay muchas viviendas; si no fuera así, ya se lo habría dicho a ustedes. Voy a prepararles un lugar.

2 CORINTIOS 5:1

Sabemos que si esta tienda de campaña en que vivimos se deshace, tenemos de Dios un edificio, una casa eterna en el cielo, no construida por manos humanas.

APOCALIPSIS 21:27

Nunca entrará en ella nada impuro, ni los idólatras ni los farsantes, sino sólo aquellos que tienen su nombre escrito en el libro de la vida, el libro del Cordero.

LUCAS 10:20

No se alegren de que puedan someter a los espíritus, sino alégrense de que sus nombres están escritos en el cielo.

APOCALIPSIS 21:4

Él les enjugará toda lágrima de los ojos. Ya no habrá muerte, ni llanto, ni lamento ni dolor, porque las primeras cosas han dejado de existir.»

APOCALIPSIS 7:16-17

Ya no sufrirán hambre ni sed.
No los abatirá el sol ni ningún calor abrasador.
Porque el Cordero que está en el trono los pastoreará
y los guiará a fuentes de agua viva;
y Dios les enjugará toda lágrima de sus ojos.

DANIEL 7:10

De su presencia brotaba
un torrente de fuego.
Miles y millares le servían,
centenares de miles lo atendían.
Al iniciarse el juicio,
los libros fueron abiertos.

APOCALIPSIS 7:9

Después de esto miré, y apareció una multitud tomada de todas las naciones, tribus, pueblos y lenguas; era tan grande que nadie podía contarla. Estaban de pie delante del trono y del Cordero, vestidos de túnicas blancas y con ramas de palma en la mano.

APOCALIPSIS 19:6

Después oí voces como el rumor de una inmensa multitud, como el estruendo de una catarata y como el retumbar de potentes truenos, que exclamaban:

«¡Aleluya!
Ya ha comenzado a reinar el Señor,
nuestro Dios Todopoderoso.»

FILIPENSES 3:20

Nosotros somos ciudadanos del cielo, de donde anhelamos recibir al Salvador, el Señor Jesucristo.

1 TESALONICENSES 4:15-18

Conforme a lo dicho por el Señor, afirmamos que nosotros, los que estemos vivos y hayamos quedado hasta la venida del Señor, de ninguna manera nos adelantaremos a los que hayan muerto. El Señor mismo descenderá del cielo con voz de mando, con voz de arcángel y con trompeta de Dios, y los muertos en Cristo resucitarán primero. Luego los que estemos vivos, los que hayamos quedado, seremos arrebatados junto con ellos en las nubes para encontrarnos con el Señor en el aire. Y así estaremos con el Señor para siempre. Por lo tanto, anímense unos a otros con estas palabras.

Compañerismo

1 JUAN 4:12

Nadie ha visto jamás a Dios, pero si nos amamos los unos a los otros, Dios permanece entre nosotros, y entre nosotros su amor se ha manifestado plenamente.

SANTIAGO 2:8

Hacen muy bien si de veras cumplen la ley suprema de la Escritura: «Ama a tu prójimo como a ti mismo.»

MATEO 5:44-45

Pero yo les digo: Amen a sus enemigos y oren por quienes los persiguen, para que sean hijos de su Padre que está en el cielo.

1 PEDRO 4:8

Sobre todo, ámense los unos a los otros profundamente, porque el amor cubre multitud de pecados.

LUCAS 6:31

Traten a los demás tal y como quieren que ellos los traten a ustedes.

FILIPENSES 2:3-4

No hagan nada por egoísmo o vanidad; más bien, con humildad consideren a los demás como superiores a ustedes mismos. Cada uno debe velar no sólo por sus propios intereses sino también por los intereses de los demás.

COLOSENSES 3:12

Como escogidos de Dios, santos y amados, revístanse de afecto entrañable y de bondad, humildad, amabilidad y paciencia.

ROMANOS 14:19

Esforcémonos por promover todo lo que conduzca a la paz y a la mutua edificación.

EFESIOS 4:29

Eviten toda conversación obscena. Por el contrario, que sus palabras contribuyan a la necesaria edificación y sean de bendición para quienes escuchan.

MATEO 18:20

Porque donde dos o tres se reúnen en mi nombre, allí estoy yo en medio de ellos.

Compasión

NEHEMÍAS 9:17

Tú … eres Dios perdonador, clemente y compasivo,
lento para la ira y grande en amor.

SALMO 145:9

El SEÑOR es bueno con todos;
él se compadece de toda su creación.

ISAÍAS 30:18

Por eso el SEÑOR los espera, para tenerles piedad;
por eso se levanta para mostrarles compasión.
Porque el SEÑOR es un Dios de justicia.
¡Dichosos todos los que en él esperan!

SALMO 103:13

Tan compasivo es el SEÑOR con los que le temen
como lo es un padre con sus hijos.

OSEAS 2:19

Yo te haré mi esposa para siempre,
y te daré como dote el derecho y la justicia,
el amor y la compasión.

ISAÍAS 54:10

Aunque cambien de lugar las montañas
y se tambaleen las colinas,
no cambiará mi fiel amor por ti
ni vacilará mi pacto de paz,
dice el SEÑOR, que de ti se compadece.

SALMO 119:156

Grande es, SEÑOR, tu compasión;
dame vida conforme a tus juicios.

LAMENTACIONES 3:22-23

El gran amor del SEÑOR nunca se acaba,
y su compasión jamás se agota.
Cada mañana se renuevan sus bondades;
¡muy grande es su fidelidad!

2 CORINTIOS 1:3

Alabado sea el Dios y Padre de nuestro Señor
Jesucristo, Padre misericordioso y Dios de toda consolación.

Confianza

SALMO 118:8

Es mejor refugiarse en el SEÑOR
que confiar en el hombre.

JUAN 14:1

Confíen en Dios, y confíen también en mí.

SALMO 40:4

Dichoso el que pone su confianza en el SEÑOR
y no recurre a los idólatras
ni a los que adoran dioses falsos.

ISAÍAS 30:15

Porque así dice el SEÑOR omnipotente, el Santo de
Israel:

«En el arrepentimiento y la calma está su salvación,
en la serenidad y la confianza está su fuerza,
¡pero ustedes no lo quieren reconocer!»

ISAÍAS 28:16

Por eso dice el SEÑOR omnipotente:
«¡Yo pongo en Sión una piedra probada!,

piedra angular y preciosa para un cimiento firme;
el que confíe no andará desorientado.»

ISAÍAS 26:3-4

Al de carácter firme
lo guardarás en perfecta paz,
porque en ti confía.
Confíen en el SEÑOR para siempre,
porque el SEÑOR es una Roca eterna.

JEREMÍAS 17:7-8

Bendito el hombre que confía en el Señor,
y pone su confianza en él.
Será como un árbol plantado junto al agua,
que extiende sus raíces hacia la corriente;
no teme que llegue el calor,
y sus hojas están siempre verdes.
En época de sequía no se angustia,
y nunca deja de dar fruto.

Consolación

SALMO 147:3

Restaura a los abatidos
y cubre con vendas sus heridas.

SALMO 34:18

El SEÑOR está cerca de los quebrantados de corazón,
y salva a los de espíritu abatido.

APOCALIPSIS 14:13

Entonces oí una voz del cielo, que decía: «Escribe:
Dichosos los que de ahora en adelante mueren en el
Señor.»

«Sí —dice el Espíritu—, ellos descansarán de sus
fatigosas tareas, pues sus obras los acompañan.»

SALMO 116:15

Mucho valor tiene a los ojos del SEÑOR
la muerte de sus fieles.

FILIPENSES 1:21

Porque para mí el vivir es Cristo y el morir es ganancia.

ROMANOS 14:8

Si vivimos, para el Señor vivimos; y si morimos, para el Señor morimos. Así pues, sea que vivamos o que muramos, del Señor somos.

2 CORINTIOS 5:8

Así que nos mantenemos confiados, y preferiríamos ausentarnos de este cuerpo y vivir junto al Señor.

2 CORINTIOS 1:3-4

Alabado sea el Dios y Padre de nuestro Señor Jesucristo, Padre misericordioso y Dios de toda consolación, quien nos consuela en todas nuestras tribulaciones para que con el mismo consuelo que de Dios hemos recibido, también nosotros podamos consolar a todos los que sufren.

Consuelo

2 CORINTIOS 1:3-4

Alabado sea el Dios y Padre de nuestro Señor
Jesucristo, Padre misericordioso y Dios de toda consolación, quien nos consuela en todas nuestras tribulaciones para que con el mismo consuelo que de Dios
hemos recibido, también nosotros podamos consolar
a todos los que sufren.

ISAÍAS 66:13

Como madre que consuela a su hijo,
así yo los consolaré a ustedes;
en Jerusalén serán consolados.

SALMO 34:18

El SEÑOR está cerca de los quebrantados de corazón,
y salva a los de espíritu abatido.

APOCALIPSIS 7:17

Porque el Cordero que está en el trono los pastoreará
y los guiará a fuentes de agua viva;
y Dios les enjugará toda lágrima de sus ojos.

DEUTERONOMIO 33:12B

«Que el amado del SEÑOR repose seguro en él,
porque lo protege todo el día
y descansa tranquilo entre sus hombros.»

ISAÍAS 57:18-19

He visto sus caminos, pero lo sanaré;
lo guiaré y lo colmaré de consuelo.
Y a los que lloran por él
les haré proclamar esta alabanza:
¡Paz a los que están lejos,
y paz a los que están cerca!
Yo los sanaré —dice el SEÑOR.

JEREMÍAS 31:13

Entonces las jóvenes danzarán con alegría,
y los jóvenes junto con los ancianos.
Convertiré su duelo en gozo, y los consolaré;
transformaré su dolor en alegría.

Contentamiento

FILIPENSES 4:11-12

No digo esto porque esté necesitado, pues he aprendido a estar satisfecho en cualquier situación en que me encuentre. Sé lo que es vivir en la pobreza, y lo que es vivir en la abundancia. He aprendido a vivir en todas y cada una de las circunstancias, tanto a quedar saciado como a pasar hambre, a tener de sobra como a sufrir escasez.

PROVERBIOS 19:23

El temor del SEÑOR conduce a la vida;
da un sueño tranquilo y evita los problemas.

1 TIMOTEO 6:6

Es cierto que con la verdadera religión se obtienen grandes ganancias, pero sólo si uno está satisfecho con lo que tiene.

HEBREOS 13:5

Manténganse libres del amor al dinero, y conténtense con lo que tienen, porque Dios ha dicho:
«Nunca te dejaré;
jamás te abandonaré.»

JOB 1:21

Desnudo salí del vientre de mi madre,
y desnudo he de partir.

El SEÑOR ha dado; el SEÑOR ha quitado.
¡Bendito sea el nombre del SEÑOR!

1 TIMOTEO 6:8
Si tenemos ropa y comida, contentémonos con eso.

SALMO 16:2
Yo le he dicho al SEÑOR: «Mi SEÑOR eres tú.
Fuera de ti, no poseo bien alguno.»

PROVERBIOS 15:15
Para el afligido todos los días son malos;
para el que es feliz siempre es día de fiesta.

LUCAS 3:11-14
—El que tiene dos camisas debe compartir con el que
no tiene ninguna —les contestó Juan—, y el que
tiene comida debe hacer lo mismo.

Llegaron también unos recaudadores de impuestos
para que los bautizara.

—Maestro, ¿qué debemos hacer nosotros? —le preguntaron.

—No cobren más de lo debido —les respondió.

—Y nosotros, ¿qué debemos hacer? —le preguntaron
unos soldados.

—No extorsionen a nadie ni hagan denuncias falsas;
más bien confórmense con lo que les pagan.

Convicción

JUAN 3:16

Porque tanto amó Dios al mundo, que dio a su Hijo unigénito, para que todo el que cree en él no se pierda, sino que tenga vida eterna.

JUAN 6:47

Ciertamente les aseguro que el que cree tiene vida eterna.

ROMANOS 10:9-10

Si confiesas con tu boca que Jesús es el Señor, y crees en tu corazón que Dios lo levantó de entre los muertos, serás salvo. Porque con el corazón se cree para ser justificado, pero con la boca se confiesa para ser salvo.

JUAN 11:25-26

Entonces Jesús le dijo:

—Yo soy la resurrección y la vida. El que cree en mí vivirá, aunque muera; y todo el que vive y cree en mí no morirá jamás. ¿Crees esto?

HECHOS 16:31

Cree en el Señor Jesús; así tú y tu familia serán salvos —le contestaron.

JUAN 3:18

El que cree en él no es condenado, pero el que no cree ya está condenado por no haber creído en el nombre del Hijo unigénito de Dios.

HECHOS 10:43

De él dan testimonio todos los profetas, que todo el que cree en él recibe, por medio de su nombre, el perdón de los pecados.

JUAN 1:12

Mas a cuantos lo recibieron, a los que creen en su nombre, les dio el derecho de ser hijos de Dios.

JUAN 20:29

Porque me has visto, has creído —le dijo Jesús—; dichosos los que no han visto y sin embargo creen.

HEBREOS 11:6

En realidad, sin fe es imposible agradar a Dios, ya que cualquiera que se acerca a Dios tiene que creer que él existe y que recompensa a quienes lo buscan.

Crecimiento

FILIPENSES 1:9

Esto es lo que pido en oración: que el amor de ustedes abunde cada vez más en conocimiento y en buen juicio.

COLOSENSES 1:10

Vivan de manera digna del Señor, agradándole en todo. Esto implica dar fruto en toda buena obra, crecer en el conocimiento de Dios.

1 TESALONICENSES 4:1

Por lo demás, hermanos, les pedimos encarecidamente en el nombre del Señor Jesús que sigan progresando en el modo de vivir que agrada a Dios, tal como lo aprendieron de nosotros. De hecho, ya lo están practicando.

2 PEDRO 1:5-6

Esfuércense por añadir a su fe, virtud; a su virtud, entendimiento; al entendimiento, dominio propio; al dominio propio, constancia; a la constancia, devoción a Dios.

2 PEDRO 3:18

Crezcan en la gracia y en el conocimiento de nuestro Señor y Salvador Jesucristo. ¡A él sea la gloria ahora y para siempre! Amén.

1 TIMOTEO 4:15

Sé diligente en estos asuntos; entrégate de lleno a ellos, de modo que todos puedan ver que estás progresando.

2 CORINTIOS 3:18

Nosotros, que con el rostro descubierto reflejamos como en un espejo la gloria del Señor, somos transformados a su semejanza con más y más gloria por la acción del Señor, que es el Espíritu.

PROVERBIOS 4:18

La senda de los justos se asemeja
a los primeros albores de la aurora:
su esplendor va en aumento
hasta que el día alcanza su plenitud.

2 TESALONICENSES 1:3

Hermanos, siempre debemos dar gracias a Dios por ustedes, como es justo, porque su fe se acrecienta cada vez más, y en cada uno de ustedes sigue abundando el amor hacia los otros.

Dar

2 CORINTIOS 9:7

Cada uno debe dar según lo que haya decidido en su corazón, no de mala gana ni por obligación, porque Dios ama al que da con alegría.

LUCAS 6:38

Den, y se les dará: se les echará en el regazo una medida llena, apretada, sacudida y desbordante. Porque con la medida que midan a otros, se les medirá a ustedes.

MALAQUÍAS 3:10

Traigan íntegro el diezmo para los fondos del templo, y así habrá alimento en mi casa. Pruébenme en esto —dice el SEÑOR Todopoderoso—, y vean si no abro las compuertas del cielo y derramo sobre ustedes bendición hasta que sobreabunde.

HECHOS 20:35

Con mi ejemplo les he mostrado que es preciso trabajar duro para ayudar a los necesitados, recordando las palabras del Señor Jesús: «Hay más dicha en dar que en recibir.»

PROVERBIOS 25:21

Si tu enemigo tiene hambre, dale de comer;
si tiene sed, dale de beber.

PROVERBIOS 28:27

El que ayuda al pobre no conocerá la pobreza;
el que le niega su ayuda será maldecido.

LUCAS 6:30

Dale a todo el que te pida, y si alguien se lleva lo que
es tuyo, no se lo reclames.

LUCAS 11:13

Si ustedes, aun siendo malos, saben dar cosas buenas a
sus hijos, ¡cuánto más el Padre celestial dará el
Espíritu Santo a quienes se lo pidan!

Deberes de los hijos

DEUTERONOMIO 5:16

Honra a tu padre y a tu madre, como el SEÑOR tu Dios te lo ha ordenado, para que disfrutes de una larga vida y te vaya bien en la tierra que te da el SEÑOR tu Dios.

EFESIOS 6:2

Honra a tu padre y a tu madre —que es el primer mandamiento con promesa.

COLOSENSES 3:20

Hijos, obedezcan a sus padres en todo, porque esto agrada al Señor.

PROVERBIOS 8:32-33

Y ahora, hijos míos, escúchenme:
dichosos los que van por mis caminos.
Atiendan a mi instrucción, y sean sabios;
no la descuiden.

PROVERBIOS 23:22

Escucha a tu padre, que te engendró,
y no desprecies a tu madre cuando sea anciana.

PROVERBIOS 6:20-22

Hijo mío, obedece el mandamiento de tu padre
y no abandones la enseñanza de tu madre.
Grábatelos en el corazón;
cuélgatelos al cuello.
Cuando camines, te servirán de guía;
cuando duermas, vigilarán tu sueño;
cuando despiertes, hablarán contigo.

SALMO 119:9

¿Cómo puede el joven llevar una vida íntegra?
Viviendo conforme a tu palabra.

PROVERBIOS 23:25

¡Que se alegren tu padre y tu madre!
¡Que se regocije la que te dio la vida!

1 TIMOTEO 5:4

Si una viuda tiene hijos o nietos, que éstos aprendan
primero a cumplir sus obligaciones con su propia
familia y correspondan así a sus padres y abuelos,
porque eso agrada a Dios.

Decisiones

JEREMÍAS 6:16

Así dice el SEÑOR:
«Deténganse en los caminos y miren;
pregunten por los senderos antiguos.
Pregunten por el buen camino,
y no se aparten de él.
Así hallarán el descanso anhelado.»

SANTIAGO 1:5

Si a alguno de ustedes le falta sabiduría, pídasela a
Dios, y él se la dará, pues Dios da a todos generosamente sin menospreciar a nadie.

JEREMÍAS 33:3

Clama a mí y te responderé, y te daré a conocer cosas
grandes y ocultas que tú no sabes.

JUAN 14:16-17

Y yo le pediré al Padre, y él les dará otro Consolador
para que los acompañe siempre: el Espíritu de verdad,
a quien el mundo no puede aceptar porque no lo ve
ni lo conoce. Pero ustedes sí lo conocen, porque vive
con ustedes y estará en ustedes.

HAGEO 1:5

Así dice ahora el SEÑOR Todopoderoso:
«¡Reflexionen sobre su proceder!»

PROVERBIOS 3:5-6

Confía en el SEÑOR de todo corazón,
y no en tu propia inteligencia.
Reconócelo en todos tus caminos,
y él allanará tus sendas.

PROVERBIOS 16:9

El corazón del hombre traza su rumbo,
pero sus pasos los dirige el SEÑOR.

SALMO 37:5

Encomienda al SEÑOR tu camino;
confía en él, y él actuará.

SALMO 37:23

Deléitate en el SEÑOR,
y él te concederá los deseos de tu corazón.

SALMO 37:4

Deléitate en el SEÑOR,
y él te concederá los deseos de tu corazón.

Descanso

JEREMÍAS 6:16

Así dice el SEÑOR:
«Deténganse en los caminos y miren;
pregunten por los senderos antiguos.
Pregunten por el buen camino,
y no se aparten de él.
Así hallarán el descanso anhelado.»

ÉXODO 33:14

«Yo mismo iré contigo y te daré descanso», respondió
el SEÑOR.

SALMO 91:1

El que habita al abrigo del Altísimo
se acoge a la sombra del Todopoderoso.

MATEO 11:28-30

Vengan a mí todos ustedes que están cansados y agobiados, y yo les daré descanso. Carguen con mi yugo
y aprendan de mí, pues yo soy apacible y humilde de
corazón, y encontrarán descanso para su alma. Porque
mi yugo es suave y mi carga es liviana.

JEREMÍAS 31:25

Daré de beber a los sedientos y saciaré a los que estén
agotados.

SALMO 4:8

En paz me acuesto y me duermo,
porque sólo tú, SEÑOR, me haces vivir confiado.

SALMO 62:1-2

Sólo en Dios halla descanso mi alma;
de él viene mi salvación.
Sólo él es mi roca y mi salvación;
él es mi protector.
¡Jamás habré de caer!

ISAÍAS 32:18

Mi pueblo habitará en un lugar de paz,
en moradas seguras,
en serenos lugares de reposo.

HEBREOS 4:3,9

En tal reposo entramos los que somos creyentes, conforme Dios ha dicho:

«Así que, en mi enojo, hice este juramento:
"Jamás entrarán en mi reposo." »
Es cierto que su trabajo quedó terminado con la creación del mundo ... queda todavía un reposo especial para el pueblo de Dios.

Determinación

ISAÍAS 50:7

Por cuanto el SEÑOR omnipotente me ayuda,
no seré humillado.
Por eso endurecí mi rostro como el pedernal,
y sé que no seré avergonzado.

1 CORINTIOS 15:58

Mis queridos hermanos, manténganse firmes e inconmovibles, progresando siempre en la obra del Señor,
conscientes de que su trabajo en el Señor no es en
vano.

APOCALIPSIS 3:11

Vengo pronto. Aférrate a lo que tienes, para que nadie
te quite la corona.

GÁLATAS 6:9

No nos cansemos de hacer el bien, porque a su
debido tiempo cosecharemos si no nos damos por
vencidos.

1 PEDRO 5:8-9

Practiquen el dominio propio y manténganse alerta. Su enemigo el diablo ronda como león rugiente, buscando a quién devorar. Resístanlo, manteniéndose firmes en la fe, sabiendo que sus hermanos en todo el mundo están soportando la misma clase de sufrimientos.

DEUTERONOMIO 4:9

¡Pero tengan cuidado! Presten atención y no olviden las cosas que han visto sus ojos, ni las aparten de su corazón mientras vivan. Cuéntenselas a sus hijos y a sus nietos.

SALMO 17:3

Tú escudriñas mi corazón,
tú me examinas por las noches;
¡ponme, pues, a prueba,
que no hallarás en mí maldad alguna!

SALMO 119:11

En mi corazón atesoro tus dichos
para no pecar contra ti.

Devoción

JOB 11:13,15,18

Pero si le entregas tu corazón
y hacia él extiendes las manos ...
entonces podrás llevar la frente en alto
y mantenerte firme y libre de temor ...
Vivirás tranquilo, porque hay esperanza;
estarás protegido y dormirás confiado.

HECHOS 2:41-47

Así, pues, los que recibieron su mensaje fueron bautizados, y aquel día se unieron a la iglesia unas tres mil
personas. Se mantenían firmes en la enseñanza de los
apóstoles, en la comunión, en el partimiento del pan
y en la oración. Todos estaban asombrados por los
muchos prodigios y señales que realizaban los apóstoles. Todos los creyentes estaban juntos y tenían todo
en común: vendían sus propiedades y posesiones, y
compartían sus bienes entre sí según la necesidad de
cada uno. No dejaban de reunirse en el templo ni un
solo día. De casa en casa partían el pan y compartían
la comida con alegría y generosidad, alabando a Dios
y disfrutando de la estimación general del pueblo. Y
cada día el Señor añadía al grupo los que iban siendo
salvos.

SALMO 141:8

En ti, SEÑOR Soberano, tengo puestos los ojos;
en ti busco refugio; no dejes que me maten.

DEUTERONOMIO 6:5

Ama al SEÑOR tu Dios con todo tu corazón y con
toda tu alma y con todas tus fuerzas.

SALMO 86:2

Presérvame la vida, pues te soy fiel.
Tú eres mi Dios, y en ti confío;
¡salva a tu siervo!

2 CRÓNICAS 16:9

El SEÑOR recorre con su mirada toda la tierra, y está
listo para ayudar a quienes le son fieles. Pero de ahora
en adelante tendrás guerras, pues actuaste como un
necio.

Discernimiento

JUAN 16:13

Cuando venga el Espíritu de la verdad, él los guiará a toda la verdad, porque no hablará por su propia cuenta sino que dirá sólo lo que oiga y les anunciará las cosas por venir.

2 TIMOTEO 2:7

Reflexiona en lo que te digo, y el Señor te dará una mayor comprensión de todo esto.

JUAN 16:15

Todo cuanto tiene el Padre es mío. Por eso les dije que el Espíritu tomará de lo mío y se lo dará a conocer a ustedes.

1 JUAN 4:6

Nosotros somos de Dios, y todo el que conoce a Dios nos escucha; pero el que no es de Dios no nos escucha. Así distinguimos entre el Espíritu de la verdad y el espíritu del engaño.

1 JUAN 4:1

No crean a cualquiera que pretenda estar inspirado por el Espíritu, sino sométanlo a prueba para ver si es de Dios, porque han salido por el mundo muchos falsos profetas.

1 TESALONICENSES 5:21-22

Sométanlo todo a prueba, aférrense a lo bueno, eviten toda clase de mal.

1 JUAN 2:3

¿Cómo sabemos si hemos llegado a conocer a Dios? Si obedecemos sus mandamientos.

1 CORINTIOS 2:14-16

El que no tiene el Espíritu no acepta lo que procede del Espíritu de Dios, pues para él es locura. No puede entenderlo, porque hay que discernirlo espiritualmente. En cambio, el que es espiritual lo juzga todo, aunque él mismo no está sujeto al juicio de nadie, porque

«¿quién ha conocido la mente del Señor

para que pueda instruirlo?»

Nosotros, por nuestra parte, tenemos la mente de Cristo.

Discipulado

JUAN 12:26

Quien quiera servirme, debe seguirme; y donde yo esté, allí también estará mi siervo. A quien me sirva, mi Padre lo honrará.

JUAN 10:27

Mis ovejas oyen mi voz; yo las conozco y ellas me siguen.

JUAN 8:12

Una vez más Jesús se dirigió a la gente, y les dijo:
—Yo soy la luz del mundo. El que me sigue no andará en tinieblas, sino que tendrá la luz de la vida.

JOB 36:11

Si ellos le obedecen y le sirven,
pasan el resto de su vida en prosperidad,
pasan felices los años que les quedan.

JUAN 14:21

¿Quién es el que me ama? El que hace suyos mis mandamientos y los obedece. Y al que me ama, mi Padre lo amará, y yo también lo amaré y me manifestaré a él.

JUAN 8:31

Jesús se dirigió entonces a los judíos que habían creído en él, y les dijo:

—Si se mantienen fieles a mis enseñanzas, serán realmente mis discípulos.

JUAN 15:8

Mi Padre es glorificado cuando ustedes dan mucho fruto y muestran así que son mis discípulos.

JUAN 13:35

De este modo todos sabrán que son mis discípulos, si se aman los unos a los otros.

2 TIMOTEO 4:1-2

En presencia de Dios y de Cristo Jesús, que ha de venir en su reino y que juzgará a los vivos y a los muertos, te doy este solemne encargo: Predica la Palabra; persiste en hacerlo, sea o no sea oportuno; corrige, reprende y anima con mucha paciencia, sin dejar de enseñar.

Dominio propio

MATEO 16:24

Luego dijo Jesús a sus discípulos:

—Si alguien quiere ser mi discípulo, tiene que negarse a sí mismo, tomar su cruz y seguirme

TITO 2:11-12

Dios ha manifestado a toda la humanidad su gracia, la cual trae salvación y nos enseña a rechazar la impiedad y las pasiones mundanas. Así podremos vivir en este mundo con justicia, piedad y dominio propio.

1 PEDRO 1:13

Dispónganse para actuar con inteligencia; tengan dominio propio; pongan su esperanza completamente en la gracia que se les dará cuando se revele Jesucristo.

1 PEDRO 4:7

Ya se acerca el fin de todas las cosas. Así que, para orar bien, manténganse sobrios y con la mente despejada.

TITO 2:2

A los ancianos, enséñales que sean moderados, respetables, sensatos, e íntegros en la fe, en el amor y en la constancia.

MATEO 26:41

Estén alerta y oren para que no caigan en tentación.
El espíritu está dispuesto, pero el cuerpo es débil.

1 PEDRO 5:8

Practiquen el dominio propio y manténganse alerta.
Su enemigo el diablo ronda como león rugiente, buscando a quién devorar.

ROMANOS 8:13

Si ustedes viven conforme a ella, morirán; pero si por
medio del Espíritu dan muerte a los malos hábitos del
cuerpo, vivirán.

1 CORINTIOS 10:13

Ustedes no han sufrido ninguna tentación que no sea
común al género humano. Pero Dios es fiel, y no permitirá que ustedes sean tentados más allá de lo que
puedan aguantar. Más bien, cuando llegue la
tentación, él les dará también una salida a fin de que
puedan resistir.

HEBREOS 2:18

Por haber sufrido él mismo la tentación, puede socorrer a los que son tentados.

Empezar de nuevo

SALMO 32:5

Te confesé mi pecado,
y no te oculté mi maldad.
Me dije: «Voy a confesar mis transgresiones al SEÑOR»,
y tú perdonaste mi maldad y mi pecado.

SALMO 103:12

Tan lejos de nosotros echó nuestras transgresiones
como lejos del oriente está el occidente.

LAMENTACIONES 3:22-23

El gran amor del SEÑOR nunca se acaba,
y su compasión jamás se agota.
Cada mañana se renuevan sus bondades;
¡muy grande es su fidelidad!

SALMO 32:1-2

Dichoso aquel
a quien se le perdonan sus transgresiones,
a quien se le borran sus pecados.
Dichoso aquel

a quien el SEÑOR no toma en cuenta su maldad
y en cuyo espíritu no hay engaño.

ISAÍAS 43:18-19

Olviden las cosas de antaño;
ya no vivan en el pasado.
¡Voy a hacer algo nuevo!
Ya está sucediendo, ¿no se dan cuenta?
Estoy abriendo un camino en el desierto,
y ríos en lugares desolados.

EZEQUIEL 36:26

Les daré un nuevo corazón, y les infundiré un espíritu
nuevo; les quitaré ese corazón de piedra que ahora
tienen, y les pondré un corazón de carne.

1 PEDRO 1:23

Ustedes han nacido de nuevo, no de simiente pere-
cedera, sino de simiente imperecedera, mediante la
palabra de Dios que vive y permanece.

1 PEDRO 1:3

¡Alabado sea Dios, Padre de nuestro Señor Jesucristo!
Por su gran misericordia, nos ha hecho nacer de
nuevo mediante la resurrección de Jesucristo, para que
tengamos una esperanza viva.

Entrega

SALMO 37:5

Encomienda al SEÑOR tu camino;
confía en él, y él actuará.

PROVERBIOS 16:3

Pon en manos del SEÑOR todas tus obras,
y tus proyectos se cumplirán.

1 REYES 8:61

Dedíquense por completo al SEÑOR nuestro Dios;
vivan según sus decretos y cumplan sus mandamientos, como ya lo hacen.

2 CRÓNICAS 16:9

El SEÑOR recorre con su mirada toda la tierra, y está
listo para ayudar a quienes le son fieles. Pero de ahora
en adelante tendrás guerras, pues actuaste como un
necio.

SALMO 103:17-18

El amor del SEÑOR es eterno
y siempre está con los que le temen;

su justicia está con los hijos de sus hijos,
con los que cumplen su pacto
y se acuerdan de sus preceptos
para ponerlos por obra.

SALMO 132:12

Si tus hijos cumplen con mi pacto
y con los estatutos que les enseñaré,
también sus descendientes
te sucederán en el trono para siempre.

NÚMEROS 30:2

Cuando un hombre·haga un voto al SEÑOR, o bajo
juramento haga un compromiso, no deberá faltar a su
palabra sino que cumplirá con todo lo prometido.

DEUTERONOMIO 23:21

Si le haces una promesa al SEÑOR tu Dios, no tardes
en cumplirla, porque sin duda él demandará que se la
cumplas; si no se la cumples, habrás cometido pecado.

ECLESIASTÉS 5:4

Cuando hagas un voto a Dios, no tardes en cumplir-
lo, porque a Dios no le agradan los necios. Cumple
tus votos.

Escrituras

MATEO 4:4

Jesús le respondió:

—Escrito está: "No sólo de pan vive el hombre, sino de toda palabra que sale de la boca de Dios."

SALMO 19:7

La ley del SEÑOR es perfecta:
infunde nuevo aliento.

ROMANOS 15:4

Todo lo que se escribió en el pasado se escribió para enseñarnos, a fin de que, alentados por las Escrituras, perseveremos en mantener nuestra esperanza.

HEBREOS 4:12

Ciertamente, la palabra de Dios es viva y poderosa, y más cortante que cualquier espada de dos filos. Penetra hasta lo más profundo del alma y del espíritu, hasta la médula de los huesos, y juzga los pensamientos y las intenciones del corazón.

2 TIMOTEO 3:16-17

Toda la Escritura es inspirada por Dios y útil para enseñar, para reprender, para corregir y para instruir

en la justicia, a fin de que el siervo de Dios esté
enteramente capacitado para toda buena obra.

SANTIAGO 1:25

Quien se fija atentamente en la ley perfecta que da
libertad, y persevera en ella, no olvidando lo que ha
oído sino haciéndolo, recibirá bendición al practicarla.

JOSUÉ 1:8

Recita siempre el libro de la ley y medita en él de día
y de noche; cumple con cuidado todo lo que en él
está escrito. Así prosperarás y tendrás éxito.

DEUTERONOMIO 7:12

Si prestas atención a estas normas, y las cumples y las
obedeces, entonces el SEÑOR tu Dios cumplirá el
pacto que bajo juramento hizo con tus antepasados, y
te mostrará su amor fiel.

SALMO 119:165

Los que aman tu ley disfrutan de gran bienestar,
y nada los hace tropezar.

Esperanza

1 TIMOTEO 4:9-10

Este mensaje es digno de crédito y merece ser aceptado por todos. En efecto, si trabajamos y nos esforzamos es porque hemos puesto nuestra esperanza en el Dios viviente, que es el Salvador de todos, especialmente de los que creen.

1 PEDRO 1:3

¡Alabado sea Dios, Padre de nuestro Señor Jesucristo! Por su gran misericordia, nos ha hecho nacer de nuevo mediante la resurrección de Jesucristo, para que tengamos una esperanza viva

1 PEDRO 1:21

Por medio de él ustedes creen en Dios, que lo resucitó y glorificó, de modo que su fe y su esperanza están puestas en Dios.

HECHOS 2:26-27

Por eso mi corazón se alegra, y canta con gozo mi lengua;
mi cuerpo también vivirá en esperanza.
No dejarás que mi vida termine en el sepulcro;
no permitirás que tu santo sufra corrupción.

LAMENTACIONES 3:21-22

Pero algo más me viene a la memoria,
lo cual me llena de esperanza:
El gran amor del SEÑOR nunca se acaba,
y su compasión jamás se agota.

SALMO 147:11

[El Señor] se complace en los que le temen,
en los que confían en su gran amor.

LAMENTACIONES 3:25-26

Bueno es el SEÑOR con quienes en él confían,
con todos los que lo buscan.
Bueno es esperar calladamente
a que el SEÑOR venga a salvarnos.
Bueno es que el hombre aprenda

ROMANOS 5:5

Y esta esperanza no nos defrauda, porque Dios ha
derramado su amor en nuestro corazón por el
Espíritu Santo que nos ha dado.

ISAÍAS 40:31

Pero los que confían en el SEÑOR
renovarán sus fuerzas;

volarán como las águilas:
correrán y no se fatigarán,
caminarán y no cansarán

PROVERBIOS 24:14

Así de dulce sea la sabiduría a tu alma;
si das con ella, tendrás buen futuro;
tendrás una esperanza que no será destruida.

SALMO 42:5-11

¿Por qué voy a inquietarme?
¿Por qué me voy a angustiar?
En Dios pondré mi esperanza
y todavía lo alabaré.
¡Él es mi Salvador y mi Dios!
Me siento sumamente angustiado;
por eso, mi Dios, pienso en ti
desde la tierra del Jordán,
desde las alturas del Hermón,
desde el monte Mizar.
Un abismo llama a otro abismo
en el rugir de tus cascadas;
todas tus ondas y tus olas
se han precipitado sobre mí.
Ésta es la oración al Dios de mi vida:
que de día el SEÑOR mande su amor,
y de noche su canto me acompañe.
Y le digo a Dios, a mi Roca:
«¿Por qué me has olvidado?
¿Por qué debo andar de luto

y oprimido por el enemigo?»
Mortal agonía me penetra hasta los huesos
ante la burla de mis adversarios,
mientras me echan en cara a todas horas:
«¿Dónde está tu Dios?»

JEREMÍAS 29:11

«Porque yo sé muy bien los planes que tengo para ustedes —afirma el SEÑOR—, planes de bienestar y no
de calamidad, a fin de darles un futuro y una esperanza.»

Esposas

PROVERBIOS 18:22

Quien halla esposa halla la felicidad:
muestras de su favor le ha dado el SEÑOR.

PROVERBIOS 31:10

Mujer ejemplar, ¿dónde se hallará?
¡Es más valiosa que las piedras preciosas!

PROVERBIOS 19:14

La casa y el dinero se heredan de los padres,
pero la esposa inteligente es un don del SEÑOR.

CANTARES 4:9-10

Cautivaste mi corazón,
hermana y novia mía,
con una mirada de tus ojos;
con una vuelta de tu collar
cautivaste mi corazón.
¡Cuán delicioso es tu amor,
hermana y novia mía!

¡Más agradable que el vino es tu amor,
y más que toda especia
la fragancia de tu perfume!

1 CORINTIOS 7:4

La mujer ya no tiene derecho sobre su propio cuerpo,
sino su esposo. Tampoco el hombre tiene derecho
sobre su propio cuerpo, sino su esposa.

EFESIOS 5:22-23

Esposas, sométanse a sus propios esposos como al
Señor. Porque el esposo es cabeza de su esposa, así
como Cristo es cabeza y salvador de la iglesia, la cual
es su cuerpo.

1 PEDRO 3:5

Así se adornaban en tiempos antiguos las santas
mujeres que esperaban en Dios, cada una sumisa a su
esposo.

PROVERBIOS 31:27-28

Está atenta a la marcha de su hogar,
y el pan que come no es fruto del ocio.
Sus hijos se levantan y la felicitan;
también su esposo la alaba:

Esposos

EFESIOS 5:25-28

Esposos, amen a sus esposas, así como Cristo amó a la iglesia y se entregó por ella para hacerla santa. Él la purificó, lavándola con agua mediante la palabra, para presentársela a sí mismo como una iglesia radiante, sin mancha ni arruga ni ninguna otra imperfección, sino santa e intachable. Así mismo el esposo debe amar a su esposa como a su propio cuerpo. El que ama a su esposa se ama a sí mismo.

1 PEDRO 3:7

Esposos, sean comprensivos en su vida conyugal, tratando cada uno a su esposa con respeto, ya que como mujer es más delicada, y ambos son herederos del grato don de la vida. Así nada estorbará las oraciones de ustedes.

1 CORINTIOS 7:4

La mujer ya no tiene derecho sobre su propio cuerpo, sino su esposo. Tampoco el hombre tiene derecho sobre su propio cuerpo, sino su esposa.

COLOSENSES 3:19

Esposos, amen a sus esposas y no sean duros con ellas.

PROVERBIOS 5:18-19

¡Bendita sea tu fuente!
¡Goza con la esposa de tu juventud!
Es una gacela amorosa,
es una cervatilla encantadora.

ECLESIASTÉS 9:9

Goza de la vida con la mujer amada cada día de la fugaz existencia que Dios te ha dado en este mundo. ¡Cada uno de tus absurdos días! Esto es lo que te ha tocado de todos tus afanes en este mundo.

1 TIMOTEO 3:2

El obispo debe ser intachable, esposo de una sola mujer, moderado, sensato, respetable, hospitalario, capaz de enseñar.

Estabilidad

SALMO 16:8

Siempre tengo presente al SEÑOR;
con él a mi derecha, nada me hará caer.

ISAÍAS 54:10

Aunque cambien de lugar las montañas
y se tambaleen las colinas,
no cambiará mi fiel amor por ti
ni vacilará mi pacto de paz,
dice el SEÑOR, que de ti se compadece.

SALMO 62:1-2

Sólo en Dios halla descanso mi alma;
de él viene mi salvación.
Sólo él es mi roca y mi salvación;
él es mi protector.

¡Jamás habré de caer!

SALMO 40:1-2

Puse en el SEÑOR toda mi esperanza;
él se inclinó hacia mí y escuchó mi clamor.
Me sacó de la fosa de la muerte,

del lodo y del pantano;
puso mis pies sobre una roca,
y me plantó en terreno firme.

JUDAS 24-25

¡Al único Dios, nuestro Salvador, que puede guardar-
los para que no caigan, y establecerlos sin tacha y con
gran alegría ante su gloriosa presencia, sea la gloria, la
majestad, el dominio y la autoridad, por medio de
Jesucristo nuestro Señor, antes de todos los siglos,
ahora y para siempre! Amén.

SALMO 119:165

Los que aman tu ley disfrutan de gran bienestar,
y nada los hace tropezar.

SALMO 37:23-24

El SEÑOR afirma los pasos del hombre
cuando le agrada su modo de vivir;
podrá tropezar, pero no caerá,
porque el SEÑOR lo sostiene de la mano.

PROVERBIOS 10:9

Quien se conduce con integridad, anda seguro;
quien anda en malos pasos será descubierto.

1 JUAN 2:10

El que ama a su hermano permanece en la luz, y no
hay nada en su vida que lo haga tropezar.

Éxito

DEUTERONOMIO 29:9

Ahora, cumplan con cuidado las condiciones de este pacto para que prosperen en todo lo que hagan.

1 CRÓNICAS 22:13

Si cumples las leyes y normas que el SEÑOR le entregó a Israel por medio de Moisés, entonces te irá bien. ¡Sé fuerte y valiente! ¡No tengas miedo ni te desanimes!

JOSUÉ 1:7

Sólo te pido que tengas mucho valor y firmeza para obedecer toda la ley que mi siervo Moisés te mandó. No te apartes de ella para nada; sólo así tendrás éxito dondequiera que vayas.

SALMO 1:2-3

En la ley del SEÑOR se deleita,
y día y noche medita en ella.
Es como el árbol
plantado a la orilla de un río
que, cuando llega su tiempo, da fruto
y sus hojas jamás se marchitan.
¡Todo cuanto hace prospera!

SALMO 20:4

Que te conceda lo que tu corazón desea;
que haga que se cumplan todos tus planes.

PROVERBIOS 15:22

Cuando falta el consejo, fracasan los planes;
cuando abunda el consejo, prosperan.

PROVERBIOS 16:3

Pon en manos del SEÑOR todas tus obras,
y tus proyectos se cumplirán.

ZACARÍAS 4:6

«No será por la fuerza ni por ningún poder, sino por
mi Espíritu», dice el SEÑOR Todopoderoso.

Expectación

SALMO 37:7

Guarda silencio ante el SEÑOR,
y espera en él con paciencia;
no te irrites ante el éxito de otros,
de los que maquinan planes malvados.

OSEAS 6:3

Conozcamos al SEÑOR;
vayamos tras su conocimiento.
Tan cierto como que sale el sol,
él habrá de manifestarse;
vendrá a nosotros como la lluvia de invierno,
como la lluvia de primavera que riega la tierra.

SALMO 27:14

Pon tu esperanza en el SEÑOR;
ten valor, cobra ánimo;
¡pon tu esperanza en el SEÑOR!

ISAÍAS 26:8

Sí, en ti esperamos, SEÑOR,
y en la senda de tus juicios;
tu nombre y tu memoria
son el deseo de nuestra vida.

MIQUEAS 7:7

Pero yo he puesto mi esperanza en el SEÑOR;
yo espero en el Dios de mi salvación.
¡Mi Dios me escuchará!

SALMO 130:5

Espero al SEÑOR, lo espero con toda el alma;
en su palabra he puesto mi esperanza.

SALMO 40:1-2

Puse en el SEÑOR toda mi esperanza;
él se inclinó hacia mí y escuchó mi clamor.
Me sacó de la fosa de la muerte,
del lodo y del pantano;
puso mis pies sobre una roca,
y me plantó en terreno firme.

ISAÍAS 25:9

En aquel día se dirá:
«¡Sí, éste es nuestro Dios;
en él confiamos, y él nos salvó!
¡Éste es el SEÑOR, en él hemos confiado;
regocijémonos y alegrémonos en su salvación!»

Expiación

1 JUAN 4:10

En esto consiste el amor: no en que nosotros hayamos amado a Dios, sino en que él nos amó y envió a su Hijo para que fuera ofrecido como sacrificio por el perdón de nuestros pecados.

COLOSENSES 1:19-20

Porque a Dios le agradó habitar en él con toda su plenitud y, por medio de él, reconciliar consigo todas las cosas, tanto las que están en la tierra como las que están en el cielo, haciendo la paz mediante la sangre que derramó en la cruz.

MATEO 26:28

Esto es mi sangre del pacto, que es derramada por muchos para el perdón de pecados.

COLOSENSES 2:13-14

Antes de recibir esa circuncisión, ustedes estaban muertos en sus pecados. Sin embargo, Dios nos dio vida en unión con Cristo, al perdonarnos todos los pecados 14 y anular la deuda que teníamos pendiente por los requisitos de la ley. Él anuló esa deuda que nos era adversa, clavándola en la cruz.

1 Juan 2:2

Él es el sacrificio por el perdón de nuestros pecados, y no sólo por los nuestros sino por los de todo el mundo.

1 Pedro 1:18-19

Como bien saben, ustedes fueron rescatados de la vida absurda que heredaron de sus antepasados. El precio de su rescate no se pagó con cosas perecederas, como el oro o la plata, sino con la preciosa sangre de Cristo, como de un cordero sin mancha y sin defecto.

Romanos 5:9

Y ahora que hemos sido justificados por su sangre, ¡con cuánta más razón, por medio de él, seremos salvados del castigo de Dios!

Hebreos 9:28

Cristo fue ofrecido en sacrificio una sola vez para quitar los pecados de muchos; y aparecerá por segunda vez, ya no para cargar con pecado alguno, sino para traer salvación a quienes lo esperan.

Familia

JOSUÉ 24:15

Si a ustedes les parece mal servir al SEÑOR, elijan ustedes mismos a quiénes van a servir: a los dioses que sirvieron sus antepasados al otro lado del río Éufrates, o a los dioses de los amorreos, en cuya tierra ustedes ahora habitan. Por mi parte, mi familia y yo serviremos al SEÑOR.

GÉNESIS 18:19

Yo lo he elegido para que instruya a sus hijos y a su familia, a fin de que se mantengan en el camino del SEÑOR y pongan en práctica lo que es justo y recto. Así el SEÑOR cumplirá lo que le ha prometido.

SALMO 78:5-7

Él promulgó un decreto para Jacob,
dictó una ley para Israel;
ordenó a nuestros antepasados
enseñarlos a sus descendientes,
para que los conocieran las generaciones venideras
y los hijos que habrían de nacer,
que a su vez los enseñarían a sus hijos.
Así ellos pondrían su confianza en Dios
y no se olvidarían de sus proezas,
sino que cumplirían sus mandamientos.

1 TIMOTEO 3:2-4

Así que el obispo debe ser intachable, esposo de una sola mujer, moderado, sensato, respetable, hospitalario, capaz de enseñar; no debe ser borracho ni pendenciero, ni amigo del dinero, sino amable y apacible. Debe gobernar bien su casa y hacer que sus hijos le obedezcan con el debido respeto.

TITO 2:3-5

A las ancianas, enséñales que sean reverentes en su conducta, y no calumniadoras ni adictas al mucho vino. Deben enseñar lo bueno y aconsejar a las jóvenes a amar a sus esposos y a sus hijos, a ser sensatas y puras, cuidadosas del hogar, bondadosas y sumisas a sus esposos, para que no se hable mal de la palabra de Dios.

PROVERBIOS 31:15

Se levanta de madrugada,
da de comer a su familia
y asigna tareas a sus criadas.

ISAÍAS 32:18

Mi pueblo habitará en un lugar de paz,
en moradas seguras,
en serenos lugares de reposo.

Fe

HEBREOS 11:1

Ahora bien, la fe es la garantía de lo que se espera, la certeza de lo que no se ve.

1 PEDRO 1:21

Por medio de él ustedes creen en Dios, que lo resucitó y glorificó, de modo que su fe y su esperanza están puestas en Dios.

1 PEDRO 1:8

Ustedes lo aman a pesar de no haberlo visto; y aunque no lo ven ahora, creen en él y se alegran con un gozo indescriptible y glorioso.

1 TIMOTEO 4:9-10

Este mensaje es digno de crédito y merece ser aceptado por todos. En efecto, si trabajamos y nos esforzamos es porque hemos puesto nuestra esperanza en el Dios viviente, que es el Salvador de todos, especialmente de los que creen.

SALMO 33:22

Que tu gran amor, SEÑOR, nos acompañe,
tal como lo esperamos de ti.

ROMANOS 4:3

Pues ¿qué dice la Escritura? «Le creyó Abraham a Dios, y esto se le tomó en cuenta como justicia.»

ROMANOS 5:1

Hemos sido justificados mediante la fe, tenemos paz con Dios por medio de nuestro Señor Jesucristo.

JUAN 14:12

Ciertamente les aseguro que el que cree en mí las obras que yo hago también él las hará, y aun las hará mayores, porque yo vuelvo al Padre.

MATEO 17:20

Les aseguro que si tienen fe tan pequeña como un grano de mostaza, podrán decirle a esta montaña: «Trasládate de aquí para allá», y se trasladará. Para ustedes nada será imposible.

ISAÍAS 40:31

Pero los que confían en el SEÑOR
renovarán sus fuerzas;
volarán como las águilas:
correrán y no se fatigarán,
caminarán y no cansarán.

Fidelidad

PROVERBIOS 3:3-4

Que nunca te abandonen el amor y la verdad:
llévalos siempre alrededor de tu cuello
y escríbelos en el libro de tu corazón.
Contarás con el favor de Dios
y tendrás buena fama entre la gente.

SALMO 31:23

Amen al SEÑOR, todos sus fieles;
él protege a los dignos de confianza,
pero a los orgullosos les da su merecido.

2 SAMUEL 22:26

Tú eres fiel con quien es fiel,
e irreprochable con quien es irreprochable.

SALMO 37:28

Porque el SEÑOR ama la justicia
y no abandona a quienes le son fieles.
El SEÑOR los protegerá para siempre,
pero acabará con la descendencia de los malvados.

PROVERBIOS 2:7-8

Él reserva su ayuda para la gente íntegra
y protege a los de conducta intachable.
Él cuida el sendero de los justos
y protege el camino de sus fieles.

ISAÍAS 26:3

Al de carácter firme
lo guardarás en perfecta paz,
porque en ti confía.

APOCALIPSIS 2:10

No tengas miedo de lo que estás por sufrir. Te advier-
to que a algunos de ustedes el diablo los meterá en la
cárcel para ponerlos a prueba, y sufrirán persecución
durante diez días. Sé fiel hasta la muerte, y yo te daré
la corona de la vida.

APOCALIPSIS 13:10

El que deba ser llevado cautivo,
a la cautividad irá.
El que deba morir a espada,
a filo de espada morirá.

Fidelidad de Dios

1 CORINTIOS 1:9

Fiel es Dios, quien los ha llamado a tener comunión
con su Hijo Jesucristo, nuestro Señor.

SALMO 100:5

Porque el SEÑOR es bueno y su gran amor es eterno;
su fidelidad permanece para siempre.

ISAÍAS 54:10

Aunque cambien de lugar las montañas
y se tambaleen las colinas,
no cambiará mi fiel amor por ti
ni vacilará mi pacto de paz,
dice el SEÑOR, que de ti se compadece.

LAMENTACIONES 3:22-23

El gran amor del SEÑOR nunca se acaba,
y su compasión jamás se agota.
Cada mañana se renuevan sus bondades;
¡muy grande es su fidelidad!

SALMO 111:7-8

Las obras de sus manos son fieles y justas;
todos sus preceptos son dignos de confianza,
inmutables por los siglos de los siglos,
establecidos con fidelidad y rectitud.

DEUTERONOMIO 7:9

Reconoce, por tanto, que el SEÑOR tu Dios es el
Dios verdadero, el Dios fiel, que cumple su pacto
generación tras generación, y muestra su fiel amor a
quienes lo aman y obedecen sus mandamientos

SALMO 18:25

Tú eres fiel con quien es fiel,
e irreprochable con quien es irreprochable.

1 JUAN 1:9

Si confesamos nuestros pecados, Dios, que es fiel y
justo, nos los perdonará y nos limpiará de toda maldad.

SALMO 108:4

Pues tu amor es tan grande que rebasa los cielos;
¡tu verdad llega hasta el firmamento!

2 TESALONICENSES 3:3

El Señor es fiel, y él los fortalecerá y los protegerá del
maligno.

Finanzas

LUCAS 12:15

«¡Tengan cuidado! —advirtió a la gente—.
Absténganse de toda avaricia; la vida de una persona
no depende de la abundancia de sus bienes.»

HEBREOS 13:5

Manténganse libres del amor al dinero, y conténtense
con lo que tienen, porque Dios ha dicho:

«Nunca te dejaré;

jamás te abandonaré.»

LUCAS 16:10

El que es honrado en lo poco, también lo será en lo
mucho; y el que no es íntegro en lo poco, tampoco
lo será en lo mucho.

PROVERBIOS 3:9-10

Honra al SEÑOR con tus riquezas
y con los primeros frutos de tus cosechas.
Así tus graneros se llenarán a reventar
y tus bodegas rebosarán de vino nuevo.

MALAQUÍAS 3:10

Traigan íntegro el diezmo para los fondos del templo,
y así habrá alimento en mi casa. Pruébenme en esto
—dice el SEÑOR Todopoderoso—, y vean si no abro
las compuertas del cielo y derramo sobre ustedes bendición hasta que sobreabunde.

2 CORINTIOS 9:7

Cada uno debe dar según lo que haya decidido en su
corazón, no de mala gana ni por obligación, porque
Dios ama al que da con alegría.

PROVERBIOS 28:27

El que ayuda al pobre no conocerá la pobreza;
el que le niega su ayuda será maldecido.

LUCAS 6:38

Den, y se les dará: se les echará en el regazo una
medida llena, apretada, sacudida y desbordante.
Porque con la medida que midan a otros, se les
medirá a ustedes.

ROMANOS 13:8

No tengan deudas pendientes con nadie, a no ser la
de amarse unos a otros. De hecho, quien ama al prójimo ha cumplido la ley.

PROVERBIOS 13:22

El hombre de bien deja herencia a sus nietos;
las riquezas del pecador se quedan para los justos.

MATEO 6:2-4

Por eso, cuando des a los necesitados, no lo anuncies al son de trompeta, como lo hacen los hipócritas en las sinagogas y en las calles para que la gente les rinda homenaje. Les aseguro que ellos ya han recibido toda su recompensa. Más bien, cuando des a los necesitados, que no se entere tu mano izquierda de lo que hace la derecha, para que tu limosna sea en secreto. Así tu Padre, que ve lo que se hace en secreto, te recompensará.

DEUTERONOMIO 15:7-8

Cuando en alguna de las ciudades de la tierra que el SEÑOR tu Dios te da veas a un hermano hebreo pobre, no endurezcas tu corazón ni le cierres tu mano. Antes bien, tiéndele la mano y préstale generosamente lo que necesite.

DEUTERONOMIO 15:10

No seas mezquino sino generoso, y así el SEÑOR tu Dios bendecirá todos tus trabajos y todo lo que emprendas.

Fructífero

EFESIOS 5:9

El fruto de la luz consiste en toda bondad, justicia y verdad.

GÁLATAS 5:22-23

El fruto del Espíritu es amor, alegría, paz, paciencia, amabilidad, bondad, fidelidad, humildad y dominio propio. No hay ley que condene estas cosas.

ROMANOS 7:4

Así mismo, hermanos míos, ustedes murieron a la ley mediante el cuerpo crucificado de Cristo, a fin de pertenecer al que fue levantado de entre los muertos. De este modo daremos fruto para Dios.

JUAN 15:16

No me escogieron ustedes a mí, sino que yo los escogí a ustedes y los comisioné para que vayan y den fruto, un fruto que perdure. Así el Padre les dará todo lo que le pidan en mi nombre.

JUAN 15:8

Mi Padre es glorificado cuando ustedes dan mucho fruto y muestran así que son mis discípulos.

MATEO 13:23

El que recibió la semilla que cayó en buen terreno es el que oye la palabra y la entiende. Éste sí produce una cosecha al treinta, al sesenta y hasta al ciento por uno.

JUAN 12:24

Ciertamente les aseguro que si el grano de trigo no cae en tierra y muere, se queda solo. Pero si muere, produce mucho fruto.

JUAN 15:5

Yo soy la vid y ustedes son las ramas. El que permanece en mí, como yo en él, dará mucho fruto; separados de mí no pueden ustedes hacer nada.

MATEO 3:8

Produzcan frutos que demuestren arrepentimiento.

JUAN 15:2

Toda rama que en mí no da fruto, la corta; pero toda rama que da fruto la poda para que dé más fruto todavía.

Fuerza

ISAÍAS 41:10

Así que no temas, porque yo estoy contigo;
no te angusties, porque yo soy tu Dios.
Te fortaleceré y te ayudaré;
te sostendré con mi diestra victoriosa.

FILIPENSES 4:13

Todo lo puedo en Cristo que me fortalece.

2 CORINTIOS 12:9

Él me dijo: «Te basta con mi gracia, pues mi poder se
perfecciona en la debilidad.» Por lo tanto, gustosamente haré más bien alarde de mis debilidades, para
que permanezca sobre mí el poder de Cristo.

SALMO 73:26

Podrán desfallecer mi cuerpo y mi espíritu,
pero Dios fortalece mi corazón;
él es mi herencia eterna.

2 SAMUEL 22:33-34

Es él quien me arma de valor
y endereza mi camino;
da a mis pies la ligereza del venado,
y me mantiene firme en las alturas

EZEQUIEL 34:16

Buscaré a las ovejas perdidas, recogeré a las extravia-
das, vendaré a las que estén heridas y fortaleceré a las
débiles, pero exterminaré a las ovejas gordas y robus-
tas. Yo las pastorearé con justicia.

ISAÍAS 40:29

Él fortalece al cansado
y acrecienta las fuerzas del débil.

SALMO 29:11

El SEÑOR fortalece a su pueblo;
el SEÑOR bendice a su pueblo con la paz.

ÉXODO 15:2

El SEÑOR es mi fuerza y mi cántico;
él es mi salvación.
Él es mi Dios, y lo alabaré;
es el Dios de mi padre, y lo enalteceré.

SALMO 59:16

Yo le cantaré a tu poder,
y por la mañana alabaré tu amor;
porque tú eres mi protector,
mi refugio en momentos de angustia.

ISAÍAS 40:27-31

¿Por qué murmuras, Jacob?
¿Por qué refunfuñas, Israel:
«Mi camino está escondido del SEÑOR;
mi Dios ignora mi derecho»?
¿Acaso no lo sabes?
¿Acaso no te has enterado?
El SEÑOR es el Dios eterno,
creador de los confines de la tierra.
No se cansa ni se fatiga,
y su inteligencia es insondable.
Él fortalece al cansado

y acrecienta las fuerzas del débil.
Aun los jóvenes se cansan, se fatigan,
y los muchachos tropiezan y caen;
pero los que confían en el SEÑOR
renovarán sus fuerzas;
volarán como las águilas:
correrán y no se fatigarán,
caminarán y no cansarán.

1 Tesalonicenses 3:13

Que los fortalezca interiormente para que, cuando
nuestro Señor Jesús venga con todos sus santos, la
santidad de ustedes sea intachable delante de nuestro
Dios y Padre.

Salmo 46:1

Dios es nuestro amparo y nuestra fortaleza,
nuestra ayuda segura en momentos de angustia.

Futuro

1 CORINTIOS 2:9-10

Sin embargo, como está escrito:
«Ningún ojo ha visto,
ningún oído ha escuchado,
ninguna mente humana ha concebido
lo que Dios ha preparado para quienes lo aman.»
Ahora bien, Dios nos ha revelado esto por medio de
su Espíritu, pues el Espíritu lo examina todo, hasta las
profundidades de Dios.

FILIPENSES 3:20-21

Nosotros somos ciudadanos del cielo, de donde
anhelamos recibir al Salvador, el Señor Jesucristo. Él
transformará nuestro cuerpo miserable para que sea
como su cuerpo glorioso, mediante el poder con que
somete a sí mismo todas las cosas.

1 CORINTIOS 15:51-52

Fíjense bien en el misterio que les voy a revelar: No
todos moriremos, pero todos seremos transformados,
en un instante, en un abrir y cerrar de ojos, al toque
final de la trompeta. Pues sonará la trompeta y los
muertos resucitarán con un cuerpo incorruptible, y
nosotros seremos transformados.

1 JUAN 3:2

Queridos hermanos, ahora somos hijos de Dios, pero todavía no se ha manifestado lo que habremos de ser. Sabemos, sin embargo, que cuando Cristo venga seremos semejantes a él, porque lo veremos tal como él es.

JEREMÍAS 29:11

Porque yo sé muy bien los planes que tengo para ustedes —afirma el SEÑOR —, planes de bienestar y no de calamidad, a fin de darles un futuro y una esperanza.

SALMO 33:11

Los planes del SEÑOR quedan firmes para siempre; los designios de su mente son eternos.

LUCAS 12:37

Dichosos los siervos a quienes su señor encuentre pendientes de su llegada. Créanme que se ajustará la ropa, hará que los siervos se sienten a la mesa, y él mismo se pondrá a servirles.

SANTIAGO 4:14-15

¡Y eso que ni siquiera saben qué sucederá mañana! ¿Qué es su vida? Ustedes son como la niebla, que aparece por un momento y luego se desvanece. Más bien, debieran decir: «Si el Señor quiere, viviremos y haremos esto o aquello.»

Garantía

SALMO 16:5

Tú, SEÑOR, eres mi porción y mi copa;
eres tú quien ha afirmado mi suerte.

JEREMÍAS 33:6

Sin embargo, les daré salud y los curaré; los sanaré y
haré que disfruten de abundante paz y seguridad.

JUAN 10:28

Yo les doy vida eterna, y nunca perecerán, ni nadie
podrá arrebatármelas de la mano.

SALMO 9:10

En ti confían los que conocen tu nombre,
porque tú, SEÑOR, jamás abandonas a los que te buscan.

SALMO 125:1

Los que confían en el SEÑOR
son como el monte Sión,
que jamás será conmovido,
que permanecerá para siempre.

SALMO 16:8

Siempre tengo presente al SEÑOR;
con él a mi derecha, nada me hará caer.

SALMO 55:22

Encomienda al SEÑOR tus afanes,
y él te sostendrá;
no permitirá que el justo caiga
y quede abatido para siempre.

HEBREOS 13:6

Así que podemos decir con toda confianza:
«El Señor es quien me ayuda; no temeré.
¿Qué me puede hacer un simple mortal?»

1 PEDRO 3:13

¿Quién les va a hacer daño si se esfuerzan por hacer el
bien?

ROMANOS 8:38-39

Pues estoy convencido de que ni la muerte ni la vida,
ni los ángeles ni los demonios, ni lo presente ni lo
por venir, ni los poderes, ni lo alto ni lo profundo, ni
cosa alguna en toda la creación, podrá apartarnos del
amor que Dios nos ha manifestado en Cristo Jesús
nuestro Señor.

Generosidad

LUCAS 6:30

Dale a todo el que te pida, y si alguien se lleva lo que es tuyo, no se lo reclames.

2 CORINTIOS 9:7

Cada uno debe dar según lo que haya decidido en su corazón, no de mala gana ni por obligación, porque Dios ama al que da con alegría.

2 CORINTIOS 9:6

Recuerden esto: El que siembra escasamente, escasamente cosechará, y el que siembra en abundancia, en abundancia cosechará.

SALMO 112:5

Bien le va al que presta con generosidad,
y maneja sus negocios con justicia.

PROVERBIOS 11:25

El que es generoso prospera;
el que reanima será reanimado.

LUCAS 6:38

Den, y se les dará: se les echará en el regazo una
medida llena, apretada, sacudida y desbordante.
Porque con la medida que midan a otros, se les
medirá a ustedes.

PROVERBIOS 22:9

El que es generoso será bendecido,
pues comparte su comida con los pobres.

SALMO 37:25-26

He sido joven y ahora soy viejo,
pero nunca he visto justos en la miseria,
ni que sus hijos mendiguen pan.
Prestan siempre con generosidad;
sus hijos son una bendición.

1 TIMOTEO 6:18-19

Mándales que hagan el bien, que sean ricos en buenas
obras, y generosos, dispuestos a compartir lo que
tienen. De este modo atesorarán para sí un seguro
caudal para el futuro y obtendrán la vida verdadera.

Gozo

SALMO 19:8

Los preceptos del SEÑOR son rectos:
traen alegría al corazón.

HEBREOS 1:9

Has amado la justicia y odiado la maldad;
por eso Dios, tu Dios, te ha ungido con aceite de alegría,
exaltándote por encima de tus compañeros.»

SALMO 30:11-12

Convertiste mi lamento en danza;
me quitaste la ropa de luto
y me vestiste de fiesta,
para que te cante y te glorifique,
y no me quede callado.

SALMO 92:4

Tú, SEÑOR, me llenas de alegría con tus maravillas;
por eso alabaré jubiloso las obras de tus manos.

ISAÍAS 61:10

Me deleito mucho en el SEÑOR;
me regocijo en mi Dios.
Porque él me vistió con ropas de salvación
y me cubrió con el manto de la justicia.
Soy semejante a un novio que luce su diadema,
o una novia adornada con sus joyas.

SALMO 16:11

Me has dado a conocer la senda de la vida;
me llenarás de alegría en tu presencia,
y de dicha eterna a tu derecha.

SALMO 21:6

Has hecho de él manantial de bendiciones;
tu presencia lo ha llenado de alegría.

1 PEDRO 1:8-9

Ustedes lo aman a pesar de no haberlo visto; y aunque no lo ven ahora, creen en él y se alegran con un gozo indescriptible y glorioso, pues están obteniendo la meta de su fe, que es su salvación.

SANTIAGO 1:2-3

Hermanos míos, considérense muy dichosos cuando tengan que enfrentarse con diversas pruebas, pues ya saben que la prueba de su fe produce constancia.

JUAN 16:24

Hasta ahora no han pedido nada en mi nombre. Pidan y recibirán, para que su alegría sea completa.

DEUTERONOMIO 16:15

Durante siete días celebrarás esta fiesta en honor al SEÑOR tu Dios, en el lugar que él elija, pues el SEÑOR tu Dios bendecirá toda tu cosecha y todo el trabajo de tus manos. Y tu alegría será completa.

1 CRÓNICAS 16:30-33

¡Que tiemble ante él toda la tierra!
Él afirmó el mundo, y éste no se moverá.
¡Alégrense los cielos, y regocíjese la tierra!
Digan las naciones: «¡El SEÑOR reina!»
¡Que resuene el mar y todo cuanto contiene!
¡Que salte de alegría el campo y lo que hay en él!
¡Que los árboles del campo canten de gozo ante el
SEÑOR,
porque él ha venido a juzgar a la tierra!

HECHOS 2:26-28

Por eso mi corazón se alegra, y canta con gozo mi
lengua;
mi cuerpo también vivirá en esperanza.
No dejarás que mi vida termine en el sepulcro;
no permitirás que tu santo sufra corrupción.
Me has dado a conocer los caminos de la vida;
me llenarás de alegría en tu presencia.

Gracia

SALMO 116:5

El SEÑOR es compasivo y justo;
nuestro Dios es todo ternura.

LAMENTACIONES 3:22

El gran amor del SEÑOR nunca se acaba,
y su compasión jamás se agota.

EFESIOS 2:6-7

Y en unión con Cristo Jesús, Dios nos resucitó y nos
hizo sentar con él en las regiones celestiales, para
mostrar en los tiempos venideros la incomparable
riqueza de su gracia, que por su bondad derramó
sobre nosotros en Cristo Jesús.

ROMANOS 5:1-2

Ya que hemos sido justificados mediante la fe, tenemos paz con Dios por medio de nuestro Señor
Jesucristo. También por medio de él, y mediante la fe,
tenemos acceso a esta gracia en la cual nos mantenemos firmes. Así que nos regocijamos en la esperanza
de alcanzar la gloria de Dios.

ROMANOS 5:17

Pues si por la transgresión de un solo hombre reinó la muerte, con mayor razón los que reciben en abundancia la gracia y el don de la justicia reinarán en vida por medio de un solo hombre, Jesucristo.

2 CORINTIOS 8:9

Ya conocen la gracia de nuestro Señor Jesucristo, que aunque era rico, por causa de ustedes se hizo pobre, para que mediante su pobreza ustedes llegaran a ser ricos.

JUAN 1:16

De su plenitud todos hemos recibido gracia sobre gracia.

2 CORINTIOS 9:8

Y Dios puede hacer que toda gracia abunde para ustedes, de manera que siempre, en toda circunstancia, tengan todo lo necesario, y toda buena obra abunde en ustedes.

2 CORINTIOS 12:9

Él me dijo: «Te basta con mi gracia, pues mi poder se perfecciona en la debilidad.» Por lo tanto, gustosamente haré más bien alarde de mis debilidades, para que permanezca sobre mí el poder de Cristo.

1 PEDRO 5:10

Después de que ustedes hayan sufrido un poco de tiempo, Dios mismo, el Dios de toda gracia que los llamó a su gloria eterna en Cristo, los restaurará y los hará fuertes, firmes y estables.

2 PEDRO 1:2

Que abunden en ustedes la gracia y la paz por medio del conocimiento que tienen de Dios y de Jesús nuestro Señor.

EFESIOS 2:4-5

Pero Dios, que es rico en misericordia, por su gran amor por nosotros, nos dio vida con Cristo, aun cuando estábamos muertos en pecados. ¡Por gracia ustedes han sido salvados!

2 TIMOTEO 1:8-10

Así que no te avergüences de dar testimonio de nuestro Señor, ni tampoco de mí, que por su causa soy prisionero. Al contrario, tú también, con el poder de Dios, debes soportar sufrimientos por el evangelio. Pues Dios nos salvó y nos llamó a una vida santa, no por nuestras propias obras, sino por su propia determinación y gracia. Nos concedió este favor en Cristo Jesús antes del comienzo del tiempo; y ahora lo ha revelado con la venida de nuestro Salvador Cristo Jesús, quien destruyó la muerte y sacó a la luz la vida incorruptible mediante el evangelio.

TITO 3:5-7

él nos salvó, no por nuestras propias obras de justicia sino por su misericordia. Nos salvó mediante el lavamiento de la regeneración y de la renovación por el Espíritu Santo, el cual fue derramado abundantemente sobre nosotros por medio de Jesucristo nuestro Salvador. Así lo hizo para que, justificados por su gracia, llegáramos a ser herederos que abrigan la esperanza de recibir la vida eterna.

Guía

ÉXODO 15:13

Por tu gran amor guías al pueblo que has rescatado;
por tu fuerza los llevas a tu santa morada.

SALMO 48:14

¡Este Dios es nuestro Dios eterno!
¡Él nos guiará para siempre!

SALMO 23:2-3

En verdes pastos me hace descansar.
Junto a tranquilas aguas me conduce;
me infunde nuevas fuerzas.

ISAÍAS 58:11

El SEÑOR te guiará siempre;
te saciará en tierras resecas,
y fortalecerá tus huesos.
Serás como jardín bien regado,
como manantial cuyas aguas no se agotan.

SALMO 139:9-10

Si me elevara sobre las alas del alba,
o me estableciera en los extremos del mar,
aun allí tu mano me guiaría,
¡me sostendría tu mano derecha!

SALMO 37:23-24

El SEÑOR afirma los pasos del hombre
cuando le agrada su modo de vivir;
podrá tropezar, pero no caerá,
porque el SEÑOR lo sostiene de la mano.

PROVERBIOS 3:5-6

Confía en el SEÑOR de todo corazón,
y no en tu propia inteligencia.
Reconócelo en todos tus caminos,
y él allanará tus sendas.

ISAÍAS 42:16

Conduciré a los ciegos por caminos desconocidos,
los guiaré por senderos inexplorados;

ante ellos convertiré en luz las tinieblas,
y allanaré los lugares escabrosos.
Esto haré,
y no los abandonaré.

JUAN 16:13

Cuando venga el Espíritu de la verdad, él los guiará a
toda la verdad, porque no hablará por su propia cuenta sino que dirá sólo lo que oiga y les anunciará las
cosas por venir.

JUAN 14:26

El Consolador, el Espíritu Santo, a quien el Padre
enviará en mi nombre, les enseñará todas las cosas y
les hará recordar todo lo que les he dicho.

SALMO 107:30-32

Ante esa calma se alegraron,
y Dios los llevó al puerto anhelado.
¡Que den gracias al SEÑOR por su gran amor,
por sus maravillas en favor de los hombres!
¡Que lo exalten en la asamblea del pueblo!
¡Que lo alaben en el consejo de los ancianos!

JEREMÍAS 29:11

Porque yo sé muy bien los planes que tengo para ustedes —afirma el SEÑOR —, planes de bienestar y no de calamidad, a fin de darles un futuro y una esperanza.

PROVERBIOS 4:11

Yo te guío por el camino de la sabiduría,
te dirijo por sendas de rectitud.

PROVERBIOS 6:20-23

Hijo mío, obedece el mandamiento de tu padre
y no abandones la enseñanza de tu madre.
Grábatelos en el corazón;
cuélgatelos al cuello.
Cuando camines, te servirán de guía;
cuando duermas, vigilarán tu sueño;
cuando despiertes, hablarán contigo.
El mandamiento es una lámpara,
la enseñanza es una luz
y la disciplina es el camino a la vida.

Hablar

PROVERBIOS 21:23

El que refrena su boca y su lengua
se libra de muchas angustias.

SANTIAGO 3:2-3

Todos fallamos mucho. Si alguien nunca falla en lo
que dice, es una persona perfecta, capaz también de
controlar todo su cuerpo.
Cuando ponemos freno en la boca de los caballos
para que nos obedezcan, podemos controlar todo el
animal

EFESIOS 4:29

Eviten toda conversación obscena. Por el contrario,
que sus palabras contribuyan a la necesaria edificación
y sean de bendición para quienes escuchan.

PROVERBIOS 15:1

La respuesta amable calma el enojo,
pero la agresiva echa leña al fuego.

1 PEDRO 4:11

El que habla, hágalo como quien expresa las palabras
mismas de Dios; el que presta algún servicio, hágalo

como quien tiene el poder de Dios. Así Dios será en
todo alabado por medio de Jesucristo, a quien sea la
gloria y el poder por los siglos de los siglos. Amén.

PROVERBIOS 15:4

La lengua que brinda consuelo es árbol de vida;
la lengua insidiosa deprime el espíritu.

EFESIOS 4:15

Más bien, al vivir la verdad con amor, creceremos
hasta ser en todo como aquel que es la cabeza, es
decir, Cristo.

PROVERBIOS 16:24

Panal de miel son las palabras amables:
endulzan la vida y dan salud al cuerpo.

PROVERBIOS 25:11

Como naranjas de oro con incrustaciones de plata
son las palabras dichas a tiempo.

ECLESIASTÉS 9:17

Más se atiende a las palabras tranquilas de los sabios
que a los gritos del jefe de los necios.

Hijos

SALMO 127:3-5

Los hijos son una herencia del SEÑOR,
los frutos del vientre son una recompensa.
Como flechas en las manos del guerrero
son los hijos de la juventud.
Dichosos los que llenan su aljaba
con esta clase de flechas.
No serán avergonzados por sus enemigos
cuando litiguen con ellos en los tribunales.

PROVERBIOS 22:6

Instruye al niño en el camino correcto,
y aun en su vejez no lo abandonará.

PROVERBIOS 29:17

Disciplina a tu hijo, y te traerá tranquilidad;
te dará muchas satisfacciones.

PROVERBIOS 20:11

Por sus hechos el niño deja entrever
si su conducta será pura y recta.

3 JUAN 4

Nada me produce más alegría que oír que mis hijos
practican la verdad.

SALMO 139:13

Tú creaste mis entrañas;
me formaste en el vientre de mi madre.

SALMO 22:10

Fui puesto a tu cuidado
desde antes de nacer;
desde el vientre de mi madre
mi Dios eres tú.

SALMO 71:6

De ti he dependido desde que nací;
del vientre materno me hiciste nacer.
¡Por siempre te alabaré!

MATEO 18:4

Por tanto, el que se humilla como este niño será el
más grande en el reino de los cielos.

MARCOS 10:15

Les aseguro que el que no reciba el reino de Dios como un niño, de ninguna manera entrará en él.

DEUTERONOMIO 11:18-21

Grábense estas palabras en el corazón y en la mente; átenlas en sus manos como un signo, y llévenlas en su frente como una marca. Enséñenselas a sus hijos y repítanselas cuando estén en su casa y cuando anden por el camino, cuando se acuesten y cuando se levanten; escríbanlas en los postes de su casa y en los portones de sus ciudades. Así, mientras existan los cielos sobre la tierra, ustedes y sus descendientes prolongarán su vida sobre la tierra que el SEÑOR juró a los antepasados de ustedes que les daría.

SALMO 139:14-16

¡Te alabo porque soy una creación admirable!
¡Tus obras son maravillosas,
y esto lo sé muy bien!
Mis huesos no te fueron desconocidos
cuando en lo más recóndito era yo formado,
cuando en lo más profundo de la tierra
era yo entretejido.

Tus ojos vieron mi cuerpo en gestación:
todo estaba ya escrito en tu libro;
todos mis días se estaban diseñando,
aunque no existía uno solo de ellos.

SALMO 78:5-7
Él promulgó un decreto para Jacob,
dictó una ley para Israel;
ordenó a nuestros antepasados
enseñarlos a sus descendientes,
para que los conocieran las generaciones venideras
y los hijos que habrían de nacer,
que a su vez los enseñarían a sus hijos.
Así ellos pondrían su confianza en Dios
y no se olvidarían de sus proezas,
sino que cumplirían sus mandamientos.

HECHOS 2:38-39
Arrepiéntase y bautícese cada uno de ustedes en el
nombre de Jesucristo para perdón de sus pecados
—les contestó Pedro—, y recibirán el don del
Espíritu Santo. En efecto, la promesa es para ustedes,
para sus hijos y para todos los extranjeros, es decir,
para todos aquellos a quienes el Señor nuestro Dios
quiera llamar.

Hijos de Dios

2 CORINTIOS 6:18

«Yo seré un padre para ustedes,
y ustedes serán mis hijos y mis hijas,
dice el Señor Todopoderoso.»

JUAN 1:12-13

Mas a cuantos lo recibieron, a los que creen en su nombre, les dio el derecho de ser hijos de Dios. Éstos no nacen de la sangre, ni por deseos naturales, ni por voluntad humana, sino que nacen de Dios.

ROMANOS 8:16

El Espíritu mismo le asegura a nuestro espíritu que somos hijos de Dios.

ROMANOS 8:14:15

Porque todos los que son guiados por el Espíritu de Dios son hijos de Dios. Y ustedes no recibieron un espíritu que de nuevo los esclavice al miedo, sino el Espíritu que los adopta como hijos y les permite clamar: «¡Abba! ¡Padre!»

GÁLATAS 4:6-7

Ustedes ya son hijos. Dios ha enviado a nuestros corazones el Espíritu de su Hijo, que clama: «¡Abba! ¡Padre!» Así que ya no eres esclavo sino hijo; y como eres hijo, Dios te ha hecho también heredero.

1 Juan 3:1

¡Fíjense qué gran amor nos ha dado el Padre, que se nos llame hijos de Dios! ¡Y lo somos! El mundo no nos conoce, precisamente porque no lo conoció a él.

1 Juan 3:2

Queridos hermanos, ahora somos hijos de Dios, pero todavía no se ha manifestado lo que habremos de ser. Sabemos, sin embargo, que cuando Cristo venga seremos semejantes a él, porque lo veremos tal como él es.

Efesios 5:1-2

Por tanto, imiten a Dios, como hijos muy amados, y lleven una vida de amor, así como Cristo nos amó y se entregó por nosotros como ofrenda y sacrificio fragante para Dios.

Gálatas 3:26,28

Todos ustedes son hijos de Dios mediante la fe en Cristo Jesús ... Ya no hay judío ni griego, esclavo ni libre, hombre ni mujer, sino que todos ustedes son uno solo en Cristo Jesús.

Hombres

1 CORINTIOS 11:3

Ahora bien, quiero que entiendan que Cristo es
cabeza de todo hombre, mientras que el hombre es
cabeza de la mujer y Dios es cabeza de Cristo.

1 TIMOTEO 2:8

Quiero, pues, que en todas partes los hombres leven-
ten las manos al cielo con pureza de corazón, sin eno-
jos ni contiendas.

SALMO 112:1

¡Aleluya! ¡Alabado sea el SEÑOR!
Dichoso el que teme al SEÑOR,
el que halla gran deleite en sus mandamientos.

1 TIMOTEO 6:11

Hombre de Dios … esmérate en seguir la justicia, la
piedad, la fe, el amor, la constancia y la humildad.

PROVERBIOS 14:15-16

El ingenuo cree todo lo que le dicen;
el prudente se fija por dónde va.

El sabio teme al SEÑOR y se aparta del mal,
pero el necio es arrogante y se pasa de confiado.

PROVERBIOS 11:17

El que es bondadoso se beneficia a sí mismo;
el que es cruel, a sí mismo se perjudica.

SALMO 119:9

¿Cómo puede el joven llevar una vida íntegra?
Viviendo conforme a tu palabra.

TITO 2:6

A los jóvenes, exhórtalos a ser sensatos.

1 PEDRO 5:5

Jóvenes, sométanse a los ancianos. Revístanse todos de
humildad en su trato mutuo, porque
«Dios se opone a los orgullosos,
pero da gracia a los humildes».

TITO 2:2

A los ancianos, enséñales que sean moderados,
respetables, sensatos, e íntegros en la fe, en el amor y
en la constancia.

Honestidad

SALMO 51:6

Yo sé que tú amas la verdad en lo íntimo;
en lo secreto me has enseñado sabiduría.

1 CORINTIOS 13:6

El amor ... se regocija con la verdad.

EFESIOS 6:14

Manténganse firmes, ceñidos con el cinturón de la
verdad, protegidos por la coraza de justicia.

TITO 2:7-8

Con tus buenas obras, dales tú mismo ejemplo en
todo. Cuando enseñes, hazlo con integridad y
seriedad, y con un mensaje sano e intachable. Así se
avergonzará cualquiera que se oponga, pues no podrá
decir nada malo de nosotros.

PROVERBIOS 10:9

Quien se conduce con integridad, anda seguro;
quien anda en malos pasos será descubierto.

PROVERBIOS 13:5

El justo aborrece la mentira;
el malvado acarrea vergüenza y deshonra.

SALMO 15:2,5

Sólo el de conducta intachable,
que practica la justicia
y de corazón dice la verdad ...
que presta dinero sin ánimo de lucro,
y no acepta sobornos que afecten al inocente.

ISAÍAS 33:15-16

Sólo el que procede con justicia
y habla con rectitud,
el que rechaza la ganancia de la extorsión
y se sacude las manos para no aceptar soborno,
el que no presta oído a las conjuras de asesinato
y cierra los ojos para no contemplar el mal.
Ese tal morará en las alturas;
tendrá como refugio una fortaleza de rocas,
se le proveerá de pan,
y no le faltará el agua.

PROVERBIOS 24:26

Una respuesta sincera
es como un beso en los labios.

Hospitalidad

1 PEDRO 4:9

Practiquen la hospitalidad entre ustedes sin quejarse.

TITO 1:8

Al contrario, debe ser hospitalario, amigo del bien, sensato, justo, santo y disciplinado.

ROMANOS 12:13

Ayuden a los hermanos necesitados. Practiquen la hospitalidad.

DEUTERONOMIO 15:11

Gente pobre en esta tierra, siempre la habrá; por eso te ordeno que seas generoso con tus hermanos hebreos y con los pobres y necesitados de tu tierra.

HEBREOS 13:2-3

No se olviden de practicar la hospitalidad, pues gracias a ella algunos, sin saberlo, hospedaron ángeles. Acuérdense de los presos, como si ustedes fueran sus compañeros de cárcel, y también de los que son maltratados, como si fueran ustedes mismos los que sufren.

MATEO 10:42

Y quien dé siquiera un vaso de agua fresca a uno de estos pequeños por tratarse de uno de mis discípulos, les aseguro que no perderá su recompensa.

MATEO 25:34-36

Entonces dirá el Rey a los que estén a su derecha: «Vengan ustedes, a quienes mi Padre ha bendecido; reciban su herencia, el reino preparado para ustedes desde la creación del mundo. Porque tuve hambre, y ustedes me dieron de comer; tuve sed, y me dieron de beber; fui forastero, y me dieron alojamiento; necesité ropa, y me vistieron; estuve enfermo, y me atendieron; estuve en la cárcel, y me visitaron.»

1 PEDRO 4:11

El que habla, hágalo como quien expresa las palabras mismas de Dios; el que presta algún servicio, hágalo como quien tiene el poder de Dios. Así Dios será en todo alabado por medio de Jesucristo, a quien sea la gloria y el poder por los siglos de los siglos. Amén.

Humildad

PROVERBIOS 22:4

Recompensa de la humildad y del temor del SEÑOR
son las riquezas, la honra y la vida.

SANTIAGO 4:10

Humíllense delante del Señor, y él los exaltará.

SALMO 149:4

Porque el SEÑOR se complace en su pueblo;
a los humildes concede el honor de la victoria.

PROVERBIOS 15:33

El temor del SEÑOR es corrección y sabiduría;
la humildad precede a la honra.

SALMO 147:6

El SEÑOR sostiene a los pobres,
pero hace morder el polvo a los impíos.

SALMO 25:9

Él dirige en la justicia a los humildes,
y les enseña su camino.

SANTIAGO 3:13

¿Quién es sabio y entendido entre ustedes? Que lo demuestre con su buena conducta, mediante obras hechas con la humildad que le da su sabiduría.

MATEO 18:4

El que se humilla como este niño será el más grande en el reino de los cielos.

FILIPENSES 2:3

No hagan nada por egoísmo o vanidad; más bien, con humildad consideren a los demás como superiores a ustedes mismos.

TITO 3:1-2

Recuérdales a todos que deben mostrarse obedientes y sumisos ante los gobernantes y las autoridades. Siempre deben estar dispuestos a hacer lo bueno: a no hablar mal de nadie, sino a buscar la paz y ser respetuosos, demostrando plena humildad en su trato con todo el mundo.

Identidad

ISAÍAS 43:1

Pero ahora, así dice el SEÑOR,
el que te creó, Jacob,
el que te formó, Israel:
«No temas, que yo te he redimido;
te he llamado por tu nombre; tú eres mío.»

SALMO 100:3

Reconozcan que el SEÑOR es Dios;
él nos hizo, y somos suyos.
Somos su pueblo, ovejas de su prado.

1 SAMUEL 12:22

Por amor a su gran nombre, el SEÑOR no rechazará a
su pueblo; de hecho él se ha dignado hacerlos a ustedes su propio pueblo.

1 PEDRO 2:9

Ustedes son linaje escogido, real sacerdocio, nación
santa, pueblo que pertenece a Dios, para que proclamen las obras maravillosas de aquel que los llamó de
las tinieblas a su luz admirable.

SALMO 95:6-7

Vengan, postrémonos reverentes;
doblemos la rodilla
ante el SEÑOR nuestro Hacedor.
Porque él es nuestro Dios
y nosotros somos el pueblo de su prado;
¡somos un rebaño bajo su cuidado!

EFESIOS 1:13

En él también ustedes, cuando oyeron el mensaje de
la verdad, el evangelio que les trajo la salvación, y lo
creyeron, fueron marcados con el sello que es el
Espíritu Santo prometido.

EFESIOS 2:10

Porque somos hechura de Dios, creados en Cristo
Jesús para buenas obras, las cuales Dios dispuso de
antemano a fin de que las pongamos en práctica.

COLOSENSES 3:12

como escogidos de Dios, santos y amados, revístanse
de afecto entrañable y de bondad, humildad, amabilidad y paciencia.

Iglesia

1 PEDRO 2:9

Ustedes son linaje escogido, real sacerdocio, nación santa, pueblo que pertenece a Dios, para que proclamen las obras maravillosas de aquel que los llamó de las tinieblas a su luz admirable.

1 TIMOTEO 3:15

La casa de Dios … es la iglesia del Dios viviente, columna y fundamento de la verdad.

1 CORINTIOS 12:27-28

Ahora bien, ustedes son el cuerpo de Cristo, y cada uno es miembro de ese cuerpo. En la iglesia Dios ha puesto, en primer lugar, apóstoles; en segundo lugar, profetas; en tercer lugar, maestros; luego los que hacen milagros; después los que tienen dones para sanar enfermos, los que ayudan a otros, los que administran y los que hablan en diversas lenguas.

1 CORINTIOS 12:12-13

Aunque el cuerpo es uno solo, tiene muchos miembros, y todos los miembros, no obstante ser muchos, forman un solo cuerpo. Así sucede con Cristo. Todos fuimos bautizados por un solo Espíritu para constituir un solo cuerpo —ya seamos judíos o gentiles, esclavos o libres—, y a todos se nos dio a beber de un mismo Espíritu.

COLOSENSES 1:18

Él es la cabeza del cuerpo, que es la iglesia. Él es el principio, el primogénito de la resurrección, para ser en todo el primero.

ROMANOS 12:4-6

Pues así como cada uno de nosotros tiene un solo cuerpo con muchos miembros, y no todos estos miembros desempeñan la misma función, también nosotros, siendo muchos, formamos un solo cuerpo en Cristo, y cada miembro está unido a todos los demás. Tenemos dones diferentes, según la gracia que se nos ha dado. Si el don de alguien es el de profecía, que lo use en proporción con su fe.

EFESIOS 4:11-13

Él mismo constituyó a unos, apóstoles; a otros, profetas; a otros, evangelistas; y a otros, pastores y maestros, a fin de capacitar al pueblo de Dios para la obra de servicio, para edificar el cuerpo de Cristo. De este modo, todos llegaremos a la unidad de la fe y del conocimiento del Hijo de Dios, a una humanidad perfecta que se conforme a la plena estatura de Cristo.

HEBREOS 13:17

Obédezcan a sus dirigentes y sométanse a ellos, pues cuidan de ustedes como quienes tienen que rendir cuentas. Obedézcanlos a fin de que ellos cumplan su tarea con alegría y sin quejarse, pues el quejarse no les trae ningún provecho.

COLOSENSES 3:16

Que habite en ustedes la palabra de Cristo con toda su riqueza: instrúyanse y aconséjense unos a otros con toda sabiduría; canten salmos, himnos y canciones espirituales a Dios, con gratitud de corazón.

HECHOS 2:42-47

Se mantenían firmes en la enseñanza de los apóstoles, en la comunión, en el partimiento del pan y en la oración. Todos estaban asombrados por los muchos prodigios y señales que realizaban los apóstoles. Todos los creyentes estaban juntos y tenían todo en común: vendían sus propiedades y posesiones, y compartían sus bienes entre sí según la necesidad de cada uno. No dejaban de reunirse en el templo ni un solo día. De casa en casa partían el pan y compartían la comida con alegría y generosidad, alabando a Dios y disfrutando de la estimación general del pueblo. Y cada día el Señor añadía al grupo los que iban siendo salvos.

MATEO 16:17-18

Dichoso tú, Simón, hijo de Jonás —le dijo Jesús—, porque eso no te lo reveló ningún mortal, sino mi Padre que está en el cielo. Yo te digo que tú eres Pedro, y sobre esta piedra edificaré mi iglesia, y las puertas del reino de la muerte no prevalecerán contra ella.

Imparcialidad

MATEO 5:6

Dichosos los que tienen hambre y sed de justicia,
porque serán saciados.

OSEAS 10:12

¡Siembren para ustedes justicia!
¡Cosechen el fruto del amor,
y pónganse a labrar el barbecho!
¡Ya es tiempo de buscar al SEÑOR!,
hasta que él venga y les envíe lluvias de justicia.

ISAÍAS 32:17

El producto de la justicia será la paz;
tranquilidad y seguridad perpetuas serán su fruto.

PROVERBIOS 2:7-8

Él reserva su ayuda para la gente íntegra
y protege a los de conducta intachable.
Él cuida el sendero de los justos
y protege el camino de sus fieles.

SALMO 112:6-7

El justo será siempre recordado;
ciertamente nunca fracasará.
No temerá recibir malas noticias;
su corazón estará firme, confiado en el SEÑOR.

SALMO 37:30-31

La boca del justo imparte sabiduría,
y su lengua emite justicia.
La ley de Dios está en su corazón,
y sus pies jamás resbalan.

PROVERBIOS 21:21

El que va tras la justicia y el amor
halla vida, prosperidad y honra.

SANTIAGO 2:8

Hacen muy bien si de veras cumplen la ley suprema
de la Escritura: «Ama a tu prójimo como a ti mismo.»

SANTIAGO 1:27

La religión pura y sin mancha delante de Dios nuestro Padre es ésta: atender a los huérfanos y a las viudas
en sus aflicciones, y conservarse limpio de la corrupción del mundo.

2 CORINTIOS 9:8

Dios puede hacer que toda gracia abunde para ustedes, de manera que siempre, en toda circunstancia,
tengan todo lo necesario, y toda buena obra abunde
en ustedes.

Imparcialidad de Dios

SALMO 145:17
El SEÑOR es justo en todos sus caminos
y bondadoso en todas sus obras.

SALMO 119:137
SEÑOR, tú eres justo,
y tus juicios son rectos.

JEREMÍAS 23:5
«Vienen días —afirma el SEÑOR—,
en que de la simiente de David
haré surgir un vástago justo;
él reinará con sabiduría en el país,
y practicará el derecho y la justicia.»

APOCALIPSIS 19:11
Luego vi el cielo abierto, y apareció un caballo blanco.
Su jinete se llama Fiel y Verdadero. Con justicia dicta
sentencia y hace la guerra.

2 CORINTIOS 5:21
Al que no cometió pecado alguno, por nosotros Dios
lo trató como pecador, para que en él recibiéramos
la justicia de Dios.

1 JUAN 2:1-2

Mis queridos hijos, les escribo estas cosas para que no pequen. Pero si alguno peca, tenemos ante el Padre a un intercesor, a Jesucristo, el Justo. Él es el sacrificio por el perdón de nuestros pecados, y no sólo por los nuestros sino por los de todo el mundo.

ROMANOS 3:22

Esta justicia de Dios llega, mediante la fe en Jesucristo, a todos los que creen.

1 PEDRO 2:24

Él mismo, en su cuerpo, llevó al madero nuestros pecados, para que muramos al pecado y vivamos para la justicia. Por sus heridas ustedes han sido sanados.

ROMANOS 5:17

Si por la transgresión de un solo hombre reinó la muerte, con mayor razón los que reciben en abundancia la gracia y el don de la justicia reinarán en vida por medio de un solo hombre, Jesucristo.

1 CORINTIOS 1:30

Gracias a él ustedes están unidos a Cristo Jesús, a quien Dios ha hecho nuestra sabiduría —es decir, nuestra justificación, santificación y redención.

Integridad

1 CRÓNICAS 29:17

Yo sé, mi Dios, que tú pruebas los corazones y amas la rectitud. Por eso, con rectitud de corazón te he ofrecido voluntariamente todas estas cosas, y he visto con júbilo que tu pueblo, aquí presente, te ha traído sus ofrendas.

SALMO 84:11

El SEÑOR es sol y escudo;
Dios nos concede honor y gloria.
El SEÑOR brinda generosamente su bondad
a los que se conducen sin tacha.

PROVERBIOS 2:7-8

Él reserva su ayuda para la gente íntegra
y protege a los de conducta intachable.
Él cuida el sendero de los justos
y protege el camino de sus fieles.

PROVERBIOS 10:9

Quien se conduce con integridad, anda seguro;
quien anda en malos pasos será descubierto.

PROVERBIOS 11:3

A los justos los guía su integridad;
a los falsos los destruye su hipocresía.

LUCAS 16:10

El que es honrado en lo poco, también lo será en lo
mucho; y el que no es íntegro en lo poco, tampoco
lo será en lo mucho.

ISAÍAS 57:2

Los que van por el camino recto mueren en paz;
hallan reposo en su lecho de muerte.

PROVERBIOS 16:7

Cuando el SEÑOR aprueba la conducta de un hombre, hasta con sus enemigos lo reconcilia.

SANTIAGO 2:18

Alguien dirá: «Tú tienes fe, y yo tengo obras.»
Pues bien, muéstrame tu fe sin las obras, y yo te
mostraré la fe por mis obras.

Justicia

MIQUEAS 6:8

¡Ya se te ha declarado lo que es bueno!
Ya se te ha dicho lo que de ti espera el SEÑOR:
Practicar la justicia,
amar la misericordia,
y humillarte ante tu Dios.

ROMANOS 2:13

Dios no considera justos a los que oyen la ley sino a
los que la cumplen.

SALMO 37:28

Porque el SEÑOR ama la justicia
y no abandona a quienes le son fieles.
El SEÑOR los protegerá para siempre,
pero acabará con la descendencia de los malvados.

PROVERBIOS 2:7-8

Él reserva su ayuda para la gente íntegra
y protege a los de conducta intachable.
Él cuida el sendero de los justos
y protege el camino de sus fieles.

ISAÍAS 1:17

¡Aprendan a hacer el bien!
¡Busquen la justicia y reprendan al opresor!
¡Aboguen por el huérfano y defiendan a la viuda!

PROVERBIOS 31:8-9

¡Levanta la voz por los que no tienen voz!
¡Defiende los derechos de los desposeídos!
¡Levanta la voz, y hazles justicia!
¡Defiende a los pobres y necesitados!

Justicia de Dios

SALMO 11:7

Justo es el SEÑOR, y ama la justicia;
por eso los íntegros contemplarán su rostro.

SALMO 103:6

El SEÑOR hace justicia
y defiende a todos los oprimidos.

SALMO 111:7

Las obras de sus manos son fieles y justas;
todos sus preceptos son dignos de confianza.

ÉXODO 34:6-7

—El SEÑOR, el SEÑOR, Dios clemente y compasivo,
lento para la ira y grande en amor y fidelidad, que
mantiene su amor hasta mil generaciones después, y
que perdona la iniquidad, la rebelión y el pecado;
pero que no deja sin castigo al culpable, sino que cas-
tiga la maldad de los padres en los hijos y en los
nietos, hasta la tercera y la cuarta generación.

ISAÍAS 30:18

Por eso el SEÑOR los espera, para tenerles piedad;
por eso se levanta para mostrarles compasión.
Porque el SEÑOR es un Dios de justicia.
¡Dichosos todos los que en él esperan!

DEUTERONOMIO 32:4

Él es la Roca, sus obras son perfectas,
y todos sus caminos son justos.
Dios es fiel; no practica la injusticia.
Él es recto y justo.

SALMO 67:4

Alégrense y canten con júbilo las naciones,
porque tú las gobiernas con rectitud;
¡tú guías a las naciones de la tierra!

2 TESALONICENSES 1:5

Todo esto prueba que el juicio de Dios es justo, y por
tanto él los considera dignos de su reino, por el cual
están sufriendo.

Justificación

GÁLATAS 3:24

Así que la ley vino a ser nuestro guía encargado de conducirnos a Cristo, para que fuéramos justificados por la fe.

2 CORINTIOS 5:21

Al que no cometió pecado alguno, por nosotros Dios lo trató como pecador, para que en él recibiéramos la justicia de Dios.

ROMANOS 5:18-19

Así como una sola transgresión causó la condenación de todos, también un solo acto de justicia produjo la justificación que da vida a todos. Porque así como por la desobediencia de uno solo muchos fueron constituidos pecadores, también por la obediencia de uno solo muchos serán constituidos justos.

1 CORINTIOS 6:11

Ya [ustedes] han sido lavados, ya han sido santificados, ya sido justificados en el nombre del Señor Jesucristo y por el Espíritu de nuestro Dios.

GÉNESIS 15:6

Luego el SEÑOR lo llevó afuera y le dijo:

—Mira hacia el cielo y cuenta las estrellas, a ver si puedes. ¡Así de numerosa será tu descendencia!

ROMANOS 5:1

Ya que hemos sido justificados mediante la fe, tenemos paz con Dios por medio de nuestro Señor Jesucristo.

ROMANOS 10:10

Porque con el corazón se cree para ser justificado, pero con la boca se confiesa para ser salvo.

SANTIAGO 2:24

A una persona se le declara justa por las obras, y no sólo por la fe.

ROMANOS 3:25-26

Dios lo ofreció como un sacrificio de expiación que se recibe por la fe en su sangre, para así demostrar su justicia. Anteriormente, en su paciencia, Dios había pasado por alto los pecados; pero en el tiempo presente ha ofrecido a Jesucristo para manifestar su justicia. De este modo Dios es justo y, a la vez, el que justifica a los que tienen fe en Jesús.

Juventud

1 TIMOTEO 4:12

Que nadie te menosprecie por ser joven. Al contrario, que los creyentes vean en ti un ejemplo a seguir en la manera de hablar, en la conducta, y en amor, fe y pureza.

TITO 2:6-7

A los jóvenes, exhórtalos a ser sensatos. Con tus buenas obras, dales tú mismo ejemplo en todo. Cuando enseñes, hazlo con integridad y seriedad.

SALMO 119:9

¿Cómo puede el joven llevar una vida íntegra? Viviendo conforme a tu palabra.

PROVERBIOS 6:20

Hijo mío, obedece el mandamiento de tu padre
y no abandones la enseñanza de tu madre.

PROVERBIOS 23:22

Escucha a tu padre, que te engendró,
y no desprecies a tu madre cuando sea anciana.

LEVÍTICO 19:32

Ponte de pie en presencia de los mayores.
Respeta a los ancianos.
Teme a tu Dios. Yo soy el SEÑOR.

ECLESIASTÉS 11:9

Alégrate, joven, en tu juventud; deja que tu corazón
disfrute de la adolescencia. Sigue los impulsos de tu
corazón y responde al estímulo de tus ojos, pero toma
en cuenta que Dios te juzgará por todo esto.

LAMENTACIONES 3:27

Bueno es que el hombre aprenda
a llevar el yugo desde su juventud.

PROVERBIOS 22:6

Instruye al niño en el camino correcto,
y aun en su vejez no lo abandonará.

Liberación

2 SAMUEL 22:1

David dedicó al SEÑOR la letra de esta canción cuando el SEÑOR lo libró de Saúl y de todos sus enemigos.

2 SAMUEL 22:2

Dijo así:
«El SEÑOR es mi roca, mi amparo, mi libertador.»

SALMO 34:17

Los justos claman, y el SEÑOR los oye;
los libra de todas sus angustias.

SALMO 107:6

En su angustia clamaron al SEÑOR,
y él los libró de su aflicción.

2 PEDRO 2:9

Todo esto demuestra que el Señor sabe librar de la prueba a los que viven como Dios quiere, y reservar a los impíos para castigarlos en el día del juicio.

Salmo 34:7

El ángel del SEÑOR acampa en torno a los que le
temen;
a su lado está para librarlos.

Salmo 32:7

Tú eres mi refugio;
tú me protegerás del peligro
y me rodearás con cánticos de liberación.

Salmo 116:8

Tú me has librado de la muerte,
has enjugado mis lágrimas,
no me has dejado tropezar.

Salmo 91:14-15

«Yo lo libraré, porque él se acoge a mí;
lo protegeré, porque reconoce mi nombre.
Él me invocará, y yo le responderé;
estaré con él en momentos de angustia;
lo libraré y lo llenaré de honores.»

Libertad

ISAÍAS 61:1

El Espíritu del SEÑOR omnipotente está sobre mí,
por cuanto me ha ungido
para anunciar buenas nuevas a los pobres.
Me ha enviado a sanar los corazones heridos,
a proclamar liberación a los cautivos
y libertad a los prisioneros

JUAN 8:32

Y conocerán la verdad, y la verdad los hará libres.

MALAQUÍAS 4:2

Si no me hacen caso ni se deciden a honrar mi nombre —dice el SEÑOR Todopoderoso—, les enviaré una maldición, y maldeciré sus bendiciones. Ya las he maldecido, porque ustedes no se han decidido a honrarme.

JUAN 8:36

Así que si el Hijo los libera, serán ustedes verdaderamente libres.

2 CORINTIOS 3:17

Ahora bien, el Señor es el Espíritu; y donde está el Espíritu del Señor, allí hay libertad.

ROMANOS 8:2

Por medio de él la ley del Espíritu de vida me ha liberado de la ley del pecado y de la muerte.

ROMANOS 6:22

Pero ahora que han sido liberados del pecado y se han puesto al servicio de Dios, cosechan la santidad que conduce a la vida eterna.

GÁLATAS 5:1

Cristo nos libertó para que vivamos en libertad. Por lo tanto, manténganse firmes y no se sometan nuevamente al yugo de esclavitud.

ROMANOS 7:6

Ahora, al morir a lo que nos tenía subyugados, hemos quedado libres de la ley, a fin de servir a Dios con el nuevo poder que nos da el Espíritu, y no por medio del antiguo mandamiento escrito.

ROMANOS 6:7

El que muere queda liberado del pecado.

ROMANOS 8:21

La creación misma ha de ser liberada de la corrupción que la esclaviza, para así alcanzar la gloriosa libertad de los hijos de Dios.

Madurez

1 PEDRO 2:2

Deseen con ansias la leche pura de la palabra, como niños recién nacidos. Así, por medio de ella, crecerán en su salvación

PROVERBIOS 9:9

Instruye al sabio, y se hará más sabio;
enseña al justo, y aumentará su saber.

SALMO 90:12

Enséñanos a contar bien nuestros días,
para que nuestro corazón adquiera sabiduría.

ISAÍAS 43:18-19

Olviden las cosas de antaño;
ya no vivan en el pasado.
¡Voy a hacer algo nuevo!
Ya está sucediendo, ¿no se dan cuenta?
Estoy abriendo un camino en el desierto,
y ríos en lugares desolados.

FILIPENSES 2:13

Dios es quien produce en ustedes tanto el querer como el hacer para que se cumpla su buena voluntad.

FILIPENSES 1:6

Estoy convencido de esto: el que comenzó tan buena obra en ustedes la irá perfeccionando hasta el día de Cristo Jesús.

EFESIOS 4:11-13

Él mismo constituyó a unos, apóstoles; a otros, profetas; a otros, evangelistas; y a otros, pastores y maestros, a fin de capacitar al pueblo de Dios para la obra de servicio, para edificar el cuerpo de Cristo. De este modo, todos llegaremos a la unidad de la fe y del conocimiento del Hijo de Dios, a una humanidad perfecta que se conforme a la plena estatura de Cristo.

SANTIAGO 1:4

Y la constancia debe llevar a feliz término la obra, para que sean perfectos e íntegros, sin que les falte nada.

Matrimonio

GÉNESIS 2:18

Luego Dios el SEÑOR dijo: «No es bueno que el hombre esté solo. Voy a hacerle una ayuda adecuada.»

ECLESIASTÉS 4:9-10

Más valen dos que uno,
porque obtienen más fruto de su esfuerzo.
Si caen, el uno levanta al otro.
¡Ay del que cae
y no tiene quien lo levante!

GÉNESIS 2:24

Por eso el hombre deja a su padre y a su madre, y se une a su mujer, y los dos se funden en un solo ser.

MARCOS 10:8-9

«Los dos llegarán a ser un solo cuerpo.» Así que ya no son dos, sino uno solo. Por tanto, lo que Dios ha unido, que no lo separe el hombre.

1 CORINTIOS 7:4

La mujer ya no tiene derecho sobre su propio cuerpo, sino su esposo. Tampoco el hombre tiene derecho sobre su propio cuerpo, sino su esposa.

1 CORINTIOS 7:3

El hombre debe cumplir su deber conyugal con su esposa, e igualmente la mujer con su esposo.

HEBREOS 13:4

Tengan todos en alta estima el matrimonio y la fidelidad conyugal, porque Dios juzgará a los adúlteros y a todos los que cometen inmoralidades sexuales.

PROVERBIOS 5:15

Bebe el agua de tu propio pozo,
el agua que fluye de tu propio manantial.

CANTARES 8:7

Ni las muchas aguas pueden apagarlo,
ni los ríos pueden extinguirlo.
Si alguien ofreciera todas sus riquezas
a cambio del amor,
sólo conseguiría el desprecio.

COLOSENSES 3:18-19

Esposas, sométanse a sus esposos, como conviene en el Señor.
Esposos, amen a sus esposas y no sean duros con ellas.

Meditación

JOSUÉ 1:8

Recita siempre el libro de la ley y medita en él de día
y de noche; cumple con cuidado todo lo que en él
está escrito. Así prosperarás y tendrás éxito.

SALMO 1:1-2

Dichoso el hombre
que no sigue el consejo de los malvados,
ni se detiene en la senda de los pecadores
ni cultiva la amistad de los blasfemos,
sino que en la ley del SEÑOR se deleita,
y día y noche medita en ella.

SALMO 119:97

¡Cuánto amo yo tu ley!
Todo el día medito en ella.

SALMO 119:147-148

Muy de mañana me levanto a pedir ayuda;
en tus palabras he puesto mi esperanza.
En toda la noche no pego los ojos,
para meditar en tu promesa.

SALMO 119:15

En tus preceptos medito,
y pongo mis ojos en tus sendas.

SALMO 48:9

Dentro de tu templo, oh Dios,
meditamos en tu gran amor.

SALMO 77:12

Meditaré en todas tus proezas;
evocaré tus obras poderosas.

SALMO 104:33-34

Cantaré al SEÑOR toda mi vida;
cantaré salmos a mi Dios mientras tenga aliento.
Quiera él agradarse de mi meditación;
yo, por mi parte, me alegro en el SEÑOR.

SALMO 19:14

Sean, pues, aceptables ante ti
mis palabras y mis pensamientos,
oh SEÑOR, roca mía y redentor mío.

Metas

2 CORINTIOS 5:9

Nos empeñamos en agradarle, ya sea que vivamos en nuestro cuerpo o que lo hayamos dejado.

FILIPENSES 3:14

Sigo avanzando hacia la meta para ganar el premio que Dios ofrece mediante su llamamiento celestial en Cristo Jesús.

1 CORINTIOS 9:24

¿No saben que en una carrera todos los corredores compiten, pero sólo uno obtiene el premio? Corran, pues, de tal modo que lo obtengan.

FILIPENSES 3:13-14

Hermanos, no pienso que yo mismo lo haya logrado ya. Más bien, una cosa hago: olvidando lo que queda atrás y esforzándome por alcanzar lo que está delante, sigo avanzando hacia la meta para ganar el premio que Dios ofrece mediante su llamamiento celestial en Cristo Jesús.

2 TIMOTEO 2:15

Esfuérzate por presentarte a Dios aprobado, como obrero que no tiene de qué avergonzarse y que interpreta rectamente la palabra de verdad.

1 CORINTIOS 14:1

Empéñense en seguir el amor y ambicionen los dones espirituales, sobre todo el de profecía.

1 CORINTIOS 12:31

Ambicionen los mejores dones.

1 CORINTIOS 14:12

Por eso ustedes, ya que tanto ambicionan dones espirituales, procuren que éstos abunden para la edificación de la iglesia.

1 TESALONICENSES 4:10-11

Hermanos, les animamos … a procurar vivir en paz con todos, a ocuparse de sus propias responsabilidades y a trabajar con sus propias manos. Así les he mandado.

Misericordia de Dios

SANTIAGO 5:11
El Señor es muy compasivo y misericordioso.

SALMO 145:8
El SEÑOR es clemente y compasivo,
lento para la ira y grande en amor.

ISAÍAS 55:6-7
Busquen al SEÑOR mientras se deje encontrar,
llámenlo mientras esté cercano.
Que abandone el malvado su camino,
y el perverso sus pensamientos.
Que se vuelva al SEÑOR, a nuestro Dios,
que es generoso para perdonar,
y de él recibirá misericordia.

ISAÍAS 38:17
Sin duda, fue para mi bien
pasar por tal angustia.
Con tu amor me guardaste
de la fosa destructora,
y le diste la espalda a mis pecados.

LAMENTACIONES 3:22-23

El gran amor del SEÑOR nunca se acaba,
y su compasión jamás se agota.
Cada mañana se renuevan sus bondades;
¡muy grande es su fidelidad!

SALMO 6:9

El SEÑOR ha escuchado mis ruegos;
el SEÑOR ha tomado en cuenta mi oración.

LUCAS 1:50

De generación en generación
se extiende su misericordia a los que le temen.

SALMO 5:7

Pero yo, por tu gran amor
puedo entrar en tu casa;
puedo postrarme reverente
hacia tu santo templo.

1 PEDRO 1:3

¡Alabado sea Dios, Padre de nuestro Señor Jesucristo!
Por su gran misericordia, nos ha hecho nacer de
nuevo mediante la resurrección de Jesucristo, para que
tengamos una esperanza viva.

TITO 3:5

Él nos salvó, no por nuestras propias obras de justicia
sino por su misericordia. Nos salvó mediante el
lavamiento de la regeneración y de la renovación por
el Espíritu Santo.

Mujeres

1 TIMOTEO 2:9-10

En cuanto a las mujeres, quiero que ellas se vistan decorosamente, con modestia y recato, sin peinados ostentosos, ni oro, ni perlas ni vestidos costosos. Que se adornen más bien con buenas obras, como corresponde a mujeres que profesan servir a Dios.

1 PEDRO 3:3-4

Que la belleza de ustedes no sea la externa ... Que su belleza sea más bien la incorruptible, la que procede de lo íntimo del corazón y consiste en un espíritu suave y apacible. Ésta sí que tiene mucho valor delante de Dios.

PROVERBIOS 31:30

Engañoso es el encanto y pasajera la belleza;
la mujer que teme al SEÑOR es digna de alabanza.

PROVERBIOS 11:16

La mujer bondadosa se gana el respeto;
los hombres violentos sólo ganan riquezas.

PROVERBIOS 31:20

Tiende la mano al pobre,
y con ella sostiene al necesitado.

TITO 2:3-5

A las ancianas, enséñales que sean reverentes en su
conducta, y no calumniadoras ni adictas al mucho
vino. Deben enseñar lo bueno y aconsejar a las
jóvenes a amar a sus esposos y a sus hijos, a ser sensatas y puras, cuidadosas del hogar, bondadosas y sumisas a sus esposos, para que no se hable mal de la
palabra de Dios.

PROVERBIOS 14:1

La mujer sabia edifica su casa;
la necia, con sus manos la destruye.

1 CORINTIOS 11:3

Ahora bien, quiero que entiendan que Cristo es
cabeza de todo hombre, mientras que el hombre es
cabeza de la mujer y Dios es cabeza de Cristo.

Nacer de nuevo

1 PEDRO 1:3

¡Alabado sea Dios, Padre de nuestro Señor Jesucristo!
Por su gran misericordia, nos ha hecho nacer de
nuevo mediante la resurrección de Jesucristo, para que
tengamos una esperanza viva.

TITO 3:5

Él nos salvó, no por nuestras propias obras de justicia
sino por su misericordia. Nos salvó mediante el
lavamiento de la regeneración y de la renovación por
el Espíritu Santo

COLOSENSES 2:13

Ustedes estaban muertos en sus pecados. Sin embargo, Dios nos dio vida en unión con Cristo, al perdonarnos todos los pecados

JUAN 1:12-13

Mas a cuantos lo recibieron, a los que creen en su
nombre, les dio el derecho de ser hijos de Dios. Éstos
no nacen de la sangre, ni por deseos naturales, ni por
voluntad humana, sino que nacen de Dios.

Juan 3:6

Lo que nace del cuerpo es cuerpo; lo que nace del Espíritu es espíritu.

1 Juan 4:7

Queridos hermanos, amémonos los unos a los otros, porque el amor viene de Dios, y todo el que ama ha nacido de él y lo conoce.

2 Corintios 5:17

Si alguno está en Cristo, es una nueva creación. ¡Lo viejo ha pasado, ha llegado ya lo nuevo!

Ezequiel 11:19

Yo les daré un corazón íntegro, y pondré en ellos un espíritu renovado. Les arrancaré el corazón de piedra que ahora tienen, y pondré en ellos un corazón de carne.

Naturaleza

HECHOS 4:24

Cuando lo oyeron, alzaron unánimes la voz en
oración a Dios: «Soberano Señor, creador del cielo y
de la tierra, del mar y de todo lo que hay en ellos.»

SALMO 102:25

En el principio tú afirmaste la tierra,
y los cielos son la obra de tus manos.

NEHEMÍAS 9:6

¡Sólo tú eres el SEÑOR! Tú has hecho los cielos, y los
cielos de los cielos con todas sus estrellas. Tú le das
vida a todo lo creado: la tierra y el mar con todo lo
que hay en ellos. ¡Por eso te adoran los ejércitos del
cielo!

ISAÍAS 44:23

¡Canten de alegría, cielos,
que esto lo ha hecho el SEÑOR!
¡Griten con fuerte voz,
profundidades de la tierra!
¡Prorrumpan en canciones, montañas;
y bosques, con todos sus árboles!
Porque el SEÑOR ha redimido a Jacob,
Dios ha manifestado su gloria en Israel.

SALMO 65:13

Pobladas de rebaños las praderas,
y cubiertos los valles de trigales,
cantan y lanzan voces de alegría.

SALMO 69:34

Que lo alaben los cielos y la tierra,
los mares y todo lo que se mueve en ellos.

SALMO 44:23

¡Despierta, Señor! ¿Por qué duermes?
¡Levántate! No nos rechaces para siempre.

SALMO 91:1

El que habita al abrigo del Altísimo
se acoge a la sombra del Todopoderoso.

ECLESIASTÉS 3:11

Dios hizo todo hermoso en su momento, y puso en la
mente humana el sentido del tiempo, aun cuando el
hombre no alcanza a comprender la obra que Dios
realiza de principio a fin.

JOB 26:7

Dios extiende el cielo sobre el vacío;
sobre la nada tiene suspendida la tierra.

Obediencia

ROMANOS 2:13

Porque Dios no considera justos a los que oyen la ley sino a los que la cumplen.

LUCAS 11:28

Dichosos más bien —contestó Jesús— los que oyen la palabra de Dios y la obedecen.

MATEO 7:24-25

Todo el que me oye estas palabras y las pone en práctica es como un hombre prudente que construyó su casa sobre la roca. Cayeron las lluvias, crecieron los ríos, y soplaron los vientos y azotaron aquella casa; con todo, la casa no se derrumbó porque estaba cimentada sobre la roca.

SANTIAGO 1:25

Quien se fija atentamente en la ley perfecta que da libertad, y persevera en ella, no olvidando lo que ha oído sino haciéndolo, recibirá bendición al practicarla.

MATEO 5:19

Todo el que infrinja uno solo de estos mandamientos, por pequeño que sea, y enseñe a otros a hacer lo mismo, será considerado el más pequeño en el reino de los cielos; pero el que los practique y enseñe será considerado grande en el reino de los cielos.

JUAN 15:10-11

Si obedecen mis mandamientos, permanecerán en mi amor, así como yo he obedecido los mandamientos de mi Padre y permanezco en su amor. Les he dicho esto para que tengan mi alegría y así su alegría sea completa.

DEUTERONOMIO 13:4

Solamente al SEÑOR tu Dios debes seguir y rendir culto. Cumple sus mandamientos y obedécelo; sírvele y permanece fiel a él.

1 JUAN 2:5

El amor de Dios se manifiesta plenamente en la vida del que obedece su palabra. De este modo sabemos que estamos unidos a él.

JOB 36:11

Si ellos le obedecen y le sirven,
pasan el resto de su vida en prosperidad,
pasan felices los años que les quedan.

DEUTERONOMIO 30:16

Hoy te ordeno que ames al SEÑOR tu Dios, que andes en sus caminos, y que cumplas sus mandamientos, preceptos y leyes. Así vivirás y te multiplicarás, y el SEÑOR tu Dios te bendecirá en la tierra de la que vas a tomar posesión.

Oración

1 TESALONICENSES 5:17

Oren sin cesar.

COLOSENSES 4:2

Dedíquense a la oración: perseveren en ella con agradecimiento.

MATEO 26:41

Estén alerta y oren para que no caigan en tentación. El espíritu está dispuesto, pero el cuerpo es débil.

EFESIOS 6:18

Oren en el Espíritu en todo momento, con peticiones y ruegos. Manténganse alerta y perseveren en oración por todos los santos.

JEREMÍAS 29:12

Entonces ustedes me invocarán, y vendrán a suplicarme, y yo los escucharé.

DEUTERONOMIO 4:7

¿Qué otra nación hay tan grande como la nuestra? ¿Qué nación tiene dioses tan cerca de ella como lo está de nosotros el SEÑOR nuestro Dios cada vez que lo invocamos?

2 CRÓNICAS 7:14

Si mi pueblo, que lleva mi nombre, se humilla y ora, y me busca y abandona su mala conducta, yo lo escucharé desde el cielo, perdonaré su pecado y restauraré su tierra.

SANTIAGO 5:15

La oración de fe sanará al enfermo y el Señor lo levantará. Y si ha pecado, su pecado se le perdonará.

MARCOS 11:25

Cuando estén orando, si tienen algo contra alguien, perdónenlo, para que también su Padre que está en el cielo les perdone a ustedes sus pecados.

Paciencia

ROMANOS 12:12

Alégrense en la esperanza, muestren paciencia en el sufrimiento, perseveren en la oración.

SALMO 40:1

Puse en el SEÑOR toda mi esperanza;
él se inclinó hacia mí y escuchó mi clamor.

SALMO 37:7

Guarda silencio ante el SEÑOR,
y espera en él con paciencia;
no te irrites ante el éxito de otros,
de los que maquinan planes malvados.

COLOSENSES 3:13

De modo que se toleren unos a otros y se perdonen si alguno tiene queja contra otro. Así como el Señor los perdonó, perdonen también ustedes.

PROVERBIOS 19:11

El buen juicio hace al hombre paciente;
su gloria es pasar por alto la ofensa.

EFESIOS 4:2

Siempre humildes y amables, pacientes, tolerantes
unos con otros en amor.

PROVERBIOS 12:16

El necio muestra en seguida su enojo,
pero el prudente pasa por alto el insulto.

1 TESALONICENSES 5:14

Hermanos, también les rogamos que amonesten a los
holgazanes, estimulen a los desanimados, ayuden a los
débiles y sean pacientes con todos.

PROVERBIOS 14:29

El que es paciente muestra gran discernimiento;
el que es agresivo muestra mucha insensatez.

Padres

PROVERBIOS 20:7

Justo es quien lleva una vida sin tacha;
¡dichosos los hijos que sigan su ejemplo!

SALMO 103:17

El amor del SEÑOR es eterno
y siempre está con los que le temen.

DEUTERONOMIO 4:40

Obedece sus preceptos y normas que hoy te mando
cumplir. De este modo a ti y a tus descendientes les
irá bien, y permanecerán mucho tiempo en la tierra
que el SEÑOR su Dios les da para siempre.

PROVERBIOS 22:6

Instruye al niño en el camino correcto,
y aun en su vejez no lo abandonará.

PROVERBIOS 29:17

Disciplina a tu hijo, y te traerá tranquilidad;
te dará muchas satisfacciones.

PROVERBIOS 29:15

La vara de la disciplina imparte sabiduría,
pero el hijo malcriado avergüenza a su madre.

ISAÍAS 54:13

El SEÑOR mismo instruirá a todos tus hijos,
y grande será su bienestar.

DEUTERONOMIO 6:6-7

Grábate en el corazón estas palabras que hoy te
mando. Incúlcaselas continuamente a tus hijos.
Háblales de ellas cuando estés en tu casa y cuando
vayas por el camino, cuando te acuestes y cuando te
levantes.

PROVERBIOS 17:6

La corona del anciano son sus nietos;
el orgullo de los hijos son sus padres.

PROVERBIOS 13:22

El hombre de bien deja herencia a sus nietos;
las riquezas del pecador se quedan para los justos.

Paz

ROMANOS 5:1

Hemos sido justificados mediante la fe, tenemos paz con Dios por medio de nuestro Señor Jesucristo.

SALMO 85:8

Voy a escuchar lo que Dios el SEÑOR dice:
él promete paz a su pueblo y a sus fieles,
siempre y cuando no se vuelvan a la necedad.

SALMO 119:165

Los que aman tu ley disfrutan de gran bienestar,
y nada los hace tropezar.

ISAÍAS 26:3

Al de carácter firme
lo guardarás en perfecta paz,
porque en ti confía.

FILIPENSES 4:6-7

No se inquieten por nada; más bien, en toda ocasión, con oración y ruego, presenten sus peticiones a Dios y denle gracias. Y la paz de Dios, que sobrepasa todo entendimiento, cuidará sus corazones y sus pensamientos en Cristo Jesús.

ROMANOS 8:6

La mentalidad que proviene del Espíritu es vida y paz.

PROVERBIOS 16:7

Cuando el SEÑOR aprueba la conducta de un hombre, hasta con sus enemigos lo reconcilia.

SANTIAGO 3:18

El fruto de la justicia se siembra en paz para los que hacen la paz.

MATEO 5:9

Dichosos los que trabajan por la paz,
porque serán llamados hijos de Dios.

2 CORINTIOS 13:11

En fin, hermanos, alégrense, busquen su restauración, hagan caso de mi exhortación, sean de un mismo sentir, vivan en paz. Y el Dios de amor y de paz estará con ustedes.

Pensamientos

FILIPENSES 4:8

Por último, hermanos, consideren bien todo lo verdadero, todo lo respetable, todo lo justo, todo lo puro, todo lo amable, todo lo digno de admiración, en fin, todo lo que sea excelente o merezca elogio.

ROMANOS 12:2

No se amolden al mundo actual, sino sean transformados mediante la renovación de su mente. Así podrán comprobar cuál es la voluntad de Dios, buena, agradable y perfecta.

2 CORINTIOS 10:5

Destruimos argumentos y toda altivez que se levanta contra el conocimiento de Dios, y llevamos cautivo todo pensamiento para que se someta a Cristo.

ROMANOS 8:6

La mentalidad pecaminosa es muerte, mientras que la mentalidad que proviene del Espíritu es vida y paz.

PROVERBIOS 12:5

En los planes del justo hay justicia,
pero en los consejos del malvado hay engaño.

SALMO 94:11

El SEÑOR conoce los pensamientos humanos,
y sabe que son absurdos.

ISAÍAS 26:3

Al de carácter firme
lo guardarás en perfecta paz,
porque en ti confía.

JEREMÍAS 17:10

«Yo, el SEÑOR, sondeo el corazón
y examino los pensamientos,
para darle a cada uno según sus acciones
y según el fruto de sus obras.»

MATEO 5:8

Dichosos los de corazón limpio,
porque ellos verán a Dios.

Perdón

EFESIOS 4:32

Sean bondadosos y compasivos unos con otros, y perdónense mutuamente, así como Dios los perdonó a ustedes en Cristo.

COLOSENSES 3:13

De modo que se toleren unos a otros y se perdonen si alguno tiene queja contra otro. Así como el Señor los perdonó, perdonen también ustedes.

MATEO 6:14

Si perdonan a otros sus ofensas, también los perdonará a ustedes su Padre celestial.

2 CORINTIOS 2:5-7

Si alguno ha causado tristeza, no me la ha causado sólo a mí; hasta cierto punto —y lo digo para no exagerar— se la ha causado a todos ustedes. Para él es suficiente el castigo que le impuso la mayoría. Más bien debieran perdonarlo y consolarlo para que no sea consumido por la excesiva tristeza.

2 CORINTIOS 2:10

A quien ustedes perdonen, yo también lo perdono. De hecho, si había algo que perdonar, lo he perdonado por consideración a ustedes en presencia de Cristo.

LUCAS 6:37

Perdonen, y se les perdonará.

MARCOS 11:25

Y cuando estén orando, si tienen algo contra alguien, perdónenlo, para que también su Padre que está en el cielo les perdone a ustedes sus pecados.

PROVERBIOS 17:9

El que perdona la ofensa cultiva el amor;
el que insiste en la ofensa divide a los amigos.

PROVERBIOS 10:12

El amor cubre todas las faltas.

MATEO 18:21-22

Pedro se acercó a Jesús y le preguntó:

—Señor, ¿cuántas veces tengo que perdonar a mi hermano que peca contra mí? ¿Hasta siete veces?

—No te digo que hasta siete veces, sino hasta setenta y siete veces —le contestó Jesús.

Perdón de Dios

HECHOS 2:38

Arrepiéntase y bautícese cada uno de ustedes en el nombre de Jesucristo para perdón de sus pecados —les contestó Pedro—, y recibirán el don del Espíritu Santo.

ROMANOS 8:1-2

Ya no hay ninguna condenación para los que están unidos a Cristo Jesús, pues por medio de él la ley del Espíritu de vida me ha liberado de la ley del pecado y de la muerte.

EFESIOS 1:7

En él tenemos la redención mediante su sangre, el perdón de nuestros pecados, conforme a las riquezas de la gracia.

COLOSENSES 2:13-14

Antes de recibir esa circuncisión, ustedes estaban muertos en sus pecados. Sin embargo, Dios nos dio vida en unión con Cristo, al perdonarnos todos los pecados y anular la deuda que teníamos pendiente por los requisitos de la ley. Él anuló esa deuda que nos era adversa, clavándola en la cruz.

NEHEMÍAS 9:17
Tú … eres Dios perdonador, clemente y compasivo, lento para la ira y grande en amor.

SALMO 86:5
Tú, Señor, eres bueno y perdonador;
grande es tu amor por todos los que te invocan.

1 JUAN 1:9
Si confesamos nuestros pecados, Dios, que es fiel y justo, nos los perdonará y nos limpiará de toda maldad.

ISAÍAS 1:18
«Vengan, pongamos las cosas en claro
—dice el SEÑOR—.
¿Son sus pecados como escarlata?
¡Quedarán blancos como la nieve!
¿Son rojos como la púrpura?
¡Quedarán como la lana!»

Perseverancia

SANTIAGO 1:12
Dichoso el que resiste la tentación porque, al salir aprobado, recibirá la corona de la vida que Dios ha prometido a quienes lo aman.

1 PEDRO 5:10
Y después de que ustedes hayan sufrido un poco de tiempo, Dios mismo, el Dios de toda gracia que los llamó a su gloria eterna en Cristo, los restaurará y los hará fuertes, firmes y estables.

2 CORINTIOS 4:17
Pues los sufrimientos ligeros y efímeros que ahora padecemos producen una gloria eterna que vale muchísimo más que todo sufrimiento.

ROMANOS 2:7
Él dará vida eterna a los que, perseverando en las buenas obras, buscan gloria, honor e inmortalidad.

SALMO 119:50
Éste es mi consuelo en medio del dolor:
que tu promesa me da vida.

SALMO 17:5

He apartado mis pasos;
mis pies están firmes en tus sendas.

SANTIAGO 1:4-5

Y la constancia debe llevar a feliz término la obra,
para que sean perfectos e íntegros, sin que les falte
nada. Si a alguno de ustedes le falta sabiduría, pídasela
a Dios, y él se la dará, pues Dios da a todos generosamente sin menospreciar a nadie.

GÁLATAS 6:9

No nos cansemos de hacer el bien, porque a su
debido tiempo cosecharemos si no nos damos por
vencidos.

SALMO 126:5

El que con lágrimas siembra,
con regocijo cosecha.

PROVERBIOS 14:33

En el corazón de los sabios mora la sabiduría,
pero los necios ni siquiera la conocen.

Petición

JUAN 15:7

Si permanecen en mí y mis palabras permanecen en ustedes, pidan lo que quieran, y se les concederá.

MATEO 21:22

Si ustedes creen, recibirán todo lo que pidan en oración.

MATEO 7:8

Todo el que pide, recibe; el que busca, encuentra; y al que llama, se le abre.

JUAN 16:24

Hasta ahora no han pedido nada en mi nombre. Pidan y recibirán, para que su alegría sea completa.

SALMO 17:6

A ti clamo, oh Dios, porque tú me respondes; inclina a mí tu oído, y escucha mi oración.

SANTIAGO 1:5

Si a alguno de ustedes le falta sabiduría, pídasela a Dios, y él se la dará, pues Dios da a todos generosamente sin menospreciar a nadie.

ROMANOS 8:26

En nuestra debilidad el Espíritu acude a ayudarnos. No sabemos qué pedir, pero el Espíritu mismo intercede por nosotros con gemidos que no pueden expresarse con palabras.

MATEO 5:44-45

Pero yo les digo: Amen a sus enemigos y oren por quienes los persiguen, para que sean hijos de su Padre que está en el cielo.

EFESIOS 6:18

Oren en el Espíritu en todo momento, con peticiones y ruegos. Manténganse alerta y perseveren en oración por todos los santos.

Presencia de Dios

SALMO 145:18

El SEÑOR está cerca de quienes lo invocan,
de quienes lo invocan en verdad.

HECHOS 17:27

En verdad, él [Dios] no está lejos de ninguno de
nosotros.

SALMO 139:9-10

Si me elevara sobre las alas del alba,
o me estableciera en los extremos del mar,
aun allí tu mano me guiaría,
¡me sostendría tu mano derecha!

HEBREOS 13:5

Nunca te dejaré;
jamás te abandonaré.

SALMO 23:4

Aun si voy por valles tenebrosos,
no temo peligro alguno
porque tú estás a mi lado;
tu vara de pastor me reconforta.

ISAÍAS 43:2-3

Cuando cruces las aguas,
yo estaré contigo;
cuando cruces los ríos,
no te cubrirán sus aguas;
cuando camines por el fuego,
no te quemarás ni te abrasarán las llamas.

DEUTERONOMIO 31:6

Sean fuertes y valientes. No teman ni se asusten ante
esas naciones, pues el SEÑOR su Dios siempre los
acompañará; nunca los dejará ni los abandonará.

ÉXODO 33:14

«Yo mismo iré contigo y te daré descanso», respondió
el SEÑOR.

Prioridades

MATEO 6:33

Busquen primeramente el reino de Dios y su justicia, y todas estas cosas les serán añadidas.

ECLESIASTÉS 12:13

El fin de este asunto es que ya se ha escuchado todo. Teme, pues, a Dios y cumple sus mandamientos, porque esto es todo para el hombre.

2 CORINTIOS 5:9

Nos empeñamos en agradarle, ya sea que vivamos en nuestro cuerpo o que lo hayamos dejado.

MATEO 6:24

Nadie puede servir a dos señores, pues menospreciará a uno y amará al otro, o querrá mucho a uno y despreciará al otro. No se puede servir a la vez a Dios y a las riquezas.

PROVERBIOS 21:21

El que va tras la justicia y el amor
halla vida, prosperidad y honra.

2 TIMOTEO 2:22

Huye de las malas pasiones de la juventud, y esmérate en seguir la justicia, la fe, el amor y la paz, junto con los que invocan al Señor con un corazón limpio.

1 PEDRO 2:2

Deseen con ansias la leche pura de la palabra, como niños recién nacidos. Así, por medio de ella, crecerán en su salvación.

FILIPENSES 3:13-14

Hermanos, no pienso que yo mismo lo haya logrado ya. Más bien, una cosa hago: olvidando lo que queda atrás y esforzándome por alcanzar lo que está delante, sigo avanzando hacia la meta para ganar el premio que Dios ofrece mediante su llamamiento celestial en Cristo Jesús.

1 REYES 22:4-5

Josafat le respondió al rey de Israel:

—Estoy a tu disposición, lo mismo que mi pueblo y mis caballos. Pero antes que nada, consultemos al SEÑOR —añadió.

Protección

SALMO 55:22

Encomienda al SEÑOR tus afanes,
y él te sostendrá;
no permitirá que el justo caiga
y quede abatido para siempre.

SALMO 145:20

El SEÑOR cuida a todos los que lo aman,
pero aniquilará a todos los impíos.

SALMO 37:28

Porque el SEÑOR ama la justicia
y no abandona a quienes le son fieles.
El SEÑOR los protegerá para siempre,
pero acabará con la descendencia de los malvados.

SALMO 91:14-15

«Yo lo libraré, porque él se acoge a mí;
lo protegeré, porque reconoce mi nombre.
Él me invocará, y yo le responderé;
estaré con él en momentos de angustia;
lo libraré y lo llenaré de honores.»

DEUTERONOMIO 33:27

El Dios sempiterno es tu refugio;
por siempre te sostiene entre sus brazos.

Expulsará de tu presencia al enemigo
y te ordenará que lo destruyas.

2 SAMUEL 22:31

El camino de Dios es perfecto;
la palabra del SEÑOR es intachable.
Escudo es Dios a los que en él se refugian.

PROVERBIOS 2:7-8

Él reserva su ayuda para la gente íntegra
y protege a los de conducta intachable.
Él cuida el sendero de los justos
y protege el camino de sus fieles.

SALMO 32:7

Tú eres mi refugio;
tú me protegerás del peligro
y me rodearás con cánticos de liberación.

2 TESALONICENSES 3:3

El Señor es fiel, y él los fortalecerá y los protegerá del
maligno.

Provisión de Dios

FILIPENSES 4:19

Mi Dios les proveerá de todo lo que necesiten, conforme a las gloriosas riquezas que tiene en Cristo Jesús.

SALMO 23:1

El SEÑOR es mi pastor, nada me falta.

JOEL 2:23

Alégrense, hijos de Sión,
regocíjense en el SEÑOR su Dios,
que a su tiempo les dará las lluvias de otoño.
Les enviará la lluvia,
la de otoño y la de primavera,
como en tiempos pasados.

SALMO 111:5

Da de comer a quienes le temen;
siempre recuerda su pacto.

SALMO 132:15

Bendeciré con creces sus provisiones,
y saciaré de pan a sus pobres.

JEREMÍAS 31:14

«Colmaré de abundancia a los sacerdotes,
y saciaré con mis bienes a mi pueblo»,
afirma el SEÑOR.

HECHOS 14:17

[El Señor] no ha dejado de dar testimonio de sí
mismo haciendo el bien, dándoles lluvias del cielo y
estaciones fructíferas, proporcionándoles comida y
alegría de corazón.

1 TIMOTEO 6:17

A los ricos de este mundo, mándales que no sean
arrogantes ni pongan su esperanza en las riquezas, que
son tan inseguras, sino en Dios, que nos provee de
todo en abundancia para que lo disfrutemos.

2 CORINTIOS 9:8

Dios puede hacer que toda gracia abunde para ustedes, de manera que siempre, en toda circunstancia, tengan todo lo necesario, y toda buena obra abunde en ustedes.

2 CORINTIOS 12:9

Él me dijo: «Te basta con mi gracia, pues mi poder se perfecciona en la debilidad.»

MATEO 6:30-32

Si así viste Dios a la hierba que hoy está en el campo y mañana es arrojada al horno, ¿no hará mucho más por ustedes, gente de poca fe? Así que no se preocupen diciendo: «¿Qué comeremos?» o «¿Qué beberemos?» o «¿Con qué nos vestiremos?» Porque los paganos andan tras todas estas cosas, y el Padre celestial sabe que ustedes las necesitan.

MATEO 7:9-11

¿Quién de ustedes, si su hijo le pide pan, le da una piedra? ¿O si le pide un pescado, le da una serpiente? Pues si ustedes, aun siendo malos, saben dar cosas buenas a sus hijos, ¡cuánto más su Padre que está en el cielo dará cosas buenas a los que le pidan!

ISAÍAS 58:11

El SEÑOR te guiará siempre;
te saciará en tierras resecas,
y fortalecerá tus huesos.

Pureza

SALMO 15:1-2

¿Quién, SEÑOR, puede habitar en tu santuario?
¿Quién puede vivir en tu santo monte?
Sólo el de conducta intachable,
que practica la justicia
y de corazón dice la verdad

SALMO 24:3-4

¿Quién puede subir al monte del SEÑOR?
¿Quién puede estar en su lugar santo?
Sólo el de manos limpias y corazón puro,
el que no adora ídolos vanos
ni jura por dioses falsos.

MATEO 5:8

Dichosos los de corazón limpio,
porque ellos verán a Dios.

SALMO 73:1

En verdad, ¡cuán bueno es Dios con Israel,
con los puros de corazón!

PROVERBIOS 22:11

El que ama la pureza de corazón y tiene gracia al hablar tendrá por amigo al rey.

SALMO 18:24

El SEÑOR me ha recompensado conforme a mi justicia, conforme a la limpieza de mis manos.

1 TIMOTEO 4:12

Que nadie te menosprecie por ser joven. Al contrario, que los creyentes vean en ti un ejemplo a seguir en la manera de hablar, en la conducta, y en amor, fe y pureza.

1 TIMOTEO 5:22

Consérvate puro.

SALMO 119:9-11

¿Cómo puede el joven llevar una vida íntegra?
Viviendo conforme a tu palabra.
Yo te busco con todo el corazón;
no dejes que me desvíe de tus mandamientos.
En mi corazón atesoro tus dichos
para no pecar contra ti.

Purificación

SALMO 51:7

Purifícame con hisopo, y quedaré limpio;
lávame, y quedaré más blanco que la nieve.
Anúnciame gozo y alegría;
infunde gozo en estos huesos que has quebrantado.
Aparta tu rostro de mis pecados
y borra toda mi maldad.

SALMO 51:10

Crea en mí, oh Dios, un corazón limpio,
y renueva la firmeza de mi espíritu.

ISAÍAS 1:18

«Vengan, pongamos las cosas en claro
—dice el SEÑOR—.
¿Son sus pecados como escarlata?
¡Quedarán blancos como la nieve!
¿Son rojos como la púrpura?
¡Quedarán como la lana!»

EZEQUIEL 36:25-27

Los rociaré con agua pura, y quedarán purificados.
Los limpiaré de todas sus impurezas e idolatrías. Les
daré un nuevo corazón, y les infundiré un espíritu
nuevo; les quitaré ese corazón de piedra que ahora

tienen, y les pondré un corazón de carne. Infundiré mi Espíritu en ustedes, y haré que sigan mis preceptos y obedezcan mis leyes.

1 JUAN 1:9

Si confesamos nuestros pecados, Dios, que es fiel y justo, nos los perdonará y nos limpiará de toda maldad.

1 JUAN 1:7

Si vivimos en la luz, así como él está en la luz, tenemos comunión unos con otros, y la sangre de su Hijo Jesucristo nos limpia de todo pecado.

1 CORINTIOS 6:11

Ustedes ... ya han sido santificados, ya han sido justificados en el nombre del Señor Jesucristo y por el Espíritu de nuestro Dios.

HEBREOS 9:14

Si esto es así, ¡cuánto más la sangre de Cristo, quien por medio del Espíritu eterno se ofreció sin mancha a Dios, purificará nuestra conciencia de las obras que conducen a la muerte, a fin de que sirvamos al Dios viviente!

Quietud

ISAÍAS 30:15

Porque así dice el SEÑOR omnipotente, el Santo de
Israel:
«En el arrepentimiento y la calma está su salvación,
en la serenidad y la confianza está su fuerza,
¡pero ustedes no lo quieren reconocer!»

SALMO 131:2

He calmado y aquietado mis ansias.
Soy como un niño recién amamantado en el regazo
de su madre.
¡Mi alma es como un niño recién amamantado!

LAMENTACIONES 3:24-26

Por tanto, digo:
«El SEÑOR es todo lo que tengo.
¡En él esperaré!»
Bueno es el SEÑOR con quienes en él confían,
con todos los que lo buscan.
Bueno es esperar calladamente
a que el SEÑOR venga a salvarnos.

SALMO 37:7

Guarda silencio ante el SEÑOR,
y espera en él con paciencia;

no te irrites ante el éxito de otros,
de los que maquinan planes malvados.

ÉXODO 14:14

Ustedes quédense quietos, que el SEÑOR presentará
batalla por ustedes.

SALMO 46:10

«Quédense quietos, reconozcan que yo soy Dios.
¡Yo seré exaltado entre las naciones!
¡Yo seré enaltecido en la tierra!»

JOB 6:24

Instrúyanme, y me quedaré callado;
muéstrenme en qué estoy equivocado.

ISAÍAS 32:17

El producto de la justicia será la paz;
tranquilidad y seguridad perpetuas serán su fruto.

1 PEDRO 3:4

Que su belleza sea más bien la incorruptible, la que
procede de lo íntimo del corazón y consiste en un
espíritu suave y apacible.

1 TESALONICENSES 4:10-11

Hermanos, les animamos … a procurar vivir en paz
con todos, a ocuparse de sus propias responsabilidades
y a trabajar con sus propias manos. Así les he mandado.

Recompensa

JEREMÍAS 17:10

«Yo, el SEÑOR, sondeo el corazón
y examino los pensamientos,
para darle a cada uno según sus acciones
y según el fruto de sus obras.»

SALMO 18:20

El SEÑOR me ha pagado conforme a mi justicia;
me ha premiado conforme a la limpieza de mis
manos

COLOSENSES 3:23-24

Hagan lo que hagan, trabajen de buena gana, como
para el Señor y no como para nadie en este mundo,
conscientes de que el Señor los recompensará con la
herencia. Ustedes sirven a Cristo el Señor.

SANTIAGO 1:12

Dichoso el que resiste la tentación porque, al salir
aprobado, recibirá la corona de la vida que Dios ha
prometido a quienes lo aman.

MATEO 6:6

Pero tú, cuando te pongas a orar, entra en tu cuarto,
cierra la puerta y ora a tu Padre, que está en lo secre-

to. Así tu Padre, que ve lo que se hace en secreto, te recompensará.

MATEO 10:42

Y quien dé siquiera un vaso de agua fresca a uno de estos pequeños por tratarse de uno de mis discípulos, les aseguro que no perderá su recompensa.

LUCAS 6:35

Amen a sus enemigos, háganles bien y denles prestado sin esperar nada a cambio. Así tendrán una gran recompensa y serán hijos del Altísimo, porque él es bondadoso con los ingratos y malvados.

EFESIOS 6:8

Sabiendo que el Señor recompensará a cada uno por el bien que haya hecho, sea esclavo o sea libre.

APOCALIPSIS 22:12

¡Miren que vengo pronto! Traigo conmigo mi recompensa, y le pagaré a cada uno según lo que haya hecho.

ISAÍAS 40:10

Miren, el SEÑOR omnipotente llega con poder,
y con su brazo gobierna.
Su galardón lo acompaña;
su recompensa lo precede.

Redención

GÁLATAS 3:13

Cristo nos rescató de la maldición de la ley al hacerse maldición por nosotros, pues está escrito: «Maldito todo el que es colgado de un madero.»

1 PEDRO 1:18-19

Como bien saben, ustedes fueron rescatados de la vida absurda que heredaron de sus antepasados. El precio de su rescate no se pagó con cosas perecederas, como el oro o la plata, sino con la preciosa sangre de Cristo, como de un cordero sin mancha y sin defecto.

HEBREOS 9:12

[Cristo] entró una sola vez y para siempre en el Lugar Santísimo. No lo hizo con sangre de machos cabríos y becerros, sino con su propia sangre, logrando así un rescate eterno.

EFESIOS 1:7

En él tenemos la redención mediante su sangre, el perdón de nuestros pecados, conforme a las riquezas de la gracia.

1 CORINTIOS 1:30

Gracias a él ustedes están unidos a Cristo Jesús, a quien Dios ha hecho nuestra sabiduría —es decir, nuestra justificación, santificación y redención.

COLOSENSES 1:13-14

Él nos libró del dominio de la oscuridad y nos trasladó al reino de su amado Hijo, en quien tenemos redención, el perdón de pecados.

LAMENTACIONES 3:57-58

Te invoqué, y viniste a mí;
«No temas», me dijiste.
Tú, Señor, te pusiste de mi parte
y me salvaste la vida.

ISAÍAS 44:22

He disipado tus transgresiones como el rocío,
y tus pecados como la bruma de la mañana.
Vuelve a mí, que te he redimido.

Regreso de Cristo

HEBREOS 9:28

También Cristo fue ofrecido en sacrificio una sola vez para quitar los pecados de muchos; y aparecerá por segunda vez, ya no para cargar con pecado alguno, sino para traer salvación a quienes lo esperan.

JUAN 14:2-3

En el hogar de mi Padre hay muchas viviendas; si no fuera así, ya se lo habría dicho a ustedes. Voy a prepararles un lugar. Y si me voy y se lo preparo, vendré para llevármelos conmigo. Así ustedes estarán donde yo esté.

HECHOS 1:11

Galileos, ¿qué hacen aquí mirando al cielo? Este mismo Jesús, que ha sido llevado de entre ustedes al cielo, vendrá otra vez de la misma manera que lo han visto irse.

APOCALIPSIS 1:7

¡Miren que viene en las nubes!
Y todos lo verán con sus propios ojos,
incluso quienes lo traspasaron;
y por él harán lamentación
todos los pueblos de la tierra.
¡Así será! Amén.

1 TESALONICENSES 4:16

El Señor mismo descenderá del cielo con voz de mando, con voz de arcángel y con trompeta de Dios, y los muertos en Cristo resucitarán primero.

APOCALIPSIS 22:12

¡Miren que vengo pronto! Traigo conmigo mi recompensa, y le pagaré a cada uno según lo que haya hecho.

2 PEDRO 3:10

El día del Señor vendrá como un ladrón. En aquel día los cielos desaparecerán con un estruendo espantoso, los elementos serán destruidos por el fuego, y la tierra, con todo lo que hay en ella, será quemada.

LUCAS 12:40

Así mismo deben ustedes estar preparados, porque el Hijo del hombre vendrá cuando menos lo esperen.

MATEO 24:14

Y este evangelio del reino se predicará en todo el mundo como testimonio a todas las naciones, y entonces vendrá el fin.

Reino de Dios

SALMO 103:19

El SEÑOR ha establecido su trono en el cielo;
su reinado domina sobre todos.

SALMO 45:6

Tu trono, oh Dios, permanece para siempre;
el cetro de tu reino es un cetro de justicia.

DANIEL 7:27

Entonces se dará a los santos,
que son el pueblo del Altísimo,
la majestad y el poder
y la grandeza de los reinos.
Su reino será un reino eterno,
y lo adorarán y obedecerán
todos los gobernantes de la tierra.

JUAN 18:36

«Mi reino no es de este mundo», contestó Jesús.

LUCAS 17:21

El reino de Dios está entre ustedes.

ROMANOS 14:17

El reino de Dios no es cuestión de comidas o bebidas sino de justicia, paz y alegría en el Espíritu Santo.

MATEO 4:17

Arrepiéntanse, porque el reino de los cielos está cerca.

LUCAS 12:32

No tengan miedo, mi rebaño pequeño, porque es la buena voluntad del Padre darles el reino.

COLOSENSES 1:13-14

Él nos libró del dominio de la oscuridad y nos trasladó al reino de su amado Hijo, en quien tenemos redención, el perdón de pecados.

HEBREOS 12:28

Así que nosotros, que estamos recibiendo un reino inconmovible, seamos agradecidos. Inspirados por esta gratitud, adoremos a Dios como a él le agrada, con temor reverente.

Reposo

HECHOS 3:19

Arrepiéntanse y vuélvanse a Dios, a fin de que vengan tiempos de descanso de parte del Señor.

SALMO 68:9

Tú, oh Dios, diste abundantes lluvias; reanimaste a tu extenuada herencia.

JEREMÍAS 31:25

Daré de beber a los sedientos y saciaré a los que estén agotados.

MATEO 11:28

Vengan a mí todos ustedes que están cansados y agobiados, y yo les daré descanso.

SALMO 68:19

Bendito sea el Señor, nuestro Dios y Salvador, que día tras día sobrelleva nuestras cargas.

SALMO 18:16

Extendiendo su mano desde lo alto,
tomó la mía y me sacó del mar profundo.

SALMO 107:6

En su angustia clamaron al SEÑOR,
y él los libró de su aflicción.

APOCALIPSIS 21:4

Él les enjugará toda lágrima de los ojos. Ya no habrá
muerte, ni llanto, ni lamento ni dolor, porque las
primeras cosas han dejado de existir.»

SALMO 116:8

Tú me has librado de la muerte,
has enjugado mis lágrimas,
no me has dejado tropezar.

FILEMÓN 20

Sí, hermano, ¡que reciba yo de ti algún beneficio en el
Señor! Reconforta mi corazón en Cristo.

Restauración

SALMO 145:14

El SEÑOR levanta a los caídos
y sostiene a los agobiados.

SALMO 71:20-21

Me has hecho pasar por muchos infortunios,
pero volverás a darme vida;
de las profundidades de la tierra
volverás a levantarme.
Acrecentarás mi honor
y volverás a consolarme.

EZEQUIEL 34:16

Buscaré a las ovejas perdidas, recogeré a las extravia-
das, vendaré a las que estén heridas y fortaleceré a las
débiles, pero exterminaré a las ovejas gordas y robus-
tas. Yo las pastorearé con justicia.

JEREMÍAS 30:17

«Pero yo te restauraré y sanaré tus heridas —afirma el
SEÑOR— porque te han llamado la Desechada, la
pobre Sión, la que a nadie le importa.»

SALMO 80:3

Restáuranos, oh Dios;
haz resplandecer tu rostro sobre nosotros,
y sálvanos.

ISAÍAS 43:18-19

Olviden las cosas de antaño;
ya no vivan en el pasado.
¡Voy a hacer algo nuevo!
Ya está sucediendo, ¿no se dan cuenta?
Estoy abriendo un camino en el desierto,
y ríos en lugares desolados.

2 CORINTIOS 5:17-18

Si alguno está en Cristo, es una nueva creación. ¡Lo viejo ha pasado, ha llegado ya lo nuevo! Todo esto proviene de Dios, quien por medio de Cristo nos reconcilió consigo mismo y nos dio el ministerio de la reconciliación.

EFESIOS 2:13

Ahora en Cristo Jesús, a ustedes que antes estaban lejos, Dios los ha acercado mediante la sangre de Cristo.

1 PEDRO 5:10

Después de que ustedes hayan sufrido un poco de tiempo, Dios mismo, el Dios de toda gracia que los llamó a su gloria eterna en Cristo, los restaurará y los hará fuertes, firmes y estables.

Riquezas

PROVERBIOS 22:2

El rico y el pobre tienen esto en común:
a ambos los ha creado el SEÑOR.

PROVERBIOS 13:7

Hay quien pretende ser rico, y no tiene nada;
hay quien parece ser pobre, y todo lo tiene.

DEUTERONOMIO 8:18

Recuerda al SEÑOR tu Dios, porque es él quien te da
el poder para producir esa riqueza; así ha confirmado
hoy el pacto que bajo juramento hizo con tus
antepasados.

1 TIMOTEO 6:7

Porque nada trajimos a este mundo, y nada podemos
llevarnos.

PROVERBIOS 11:4

En el día de la ira de nada sirve ser rico,
pero la justicia libra de la muerte.

1 TIMOTEO 6:17-19

A los ricos de este mundo, mándales que no sean arrogantes ni pongan su esperanza en las riquezas, que son tan inseguras, sino en Dios, que nos provee de todo en abundancia para que lo disfrutemos. Mándales que hagan el bien, que sean ricos en buenas obras, y generosos, dispuestos a compartir lo que tienen. De este modo atesorarán para sí un seguro caudal para el futuro y obtendrán la vida verdadera.

SANTIAGO 2:5

Escuchen, mis queridos hermanos: ¿No ha escogido Dios a los que son pobres según el mundo para que sean ricos en la fe y hereden el reino que prometió a quienes lo aman?

PROVERBIOS 3:9-10

Honra al SEÑOR con tus riquezas
y con los primeros frutos de tus cosechas.
Así tus graneros se llenarán a reventar
y tus bodegas rebosarán de vino nuevo.

ECLESIASTÉS 4:6

Más vale poco con tranquilidad
que mucho con fatiga ...
¡corriendo tras el viento!

Sabiduría

SALMO 111:10

El principio de la sabiduría es el temor del SEÑOR;
buen juicio demuestran quienes cumplen sus preceptos. ¡Su alabanza permanece para siempre!

1 CORINTIOS 1:25

La locura de Dios es más sabia que la sabiduría
humana, y la debilidad de Dios es más fuerte que la
fuerza humana.

SANTIAGO 1:5

Si a alguno de ustedes le falta sabiduría, pídasela a
Dios, y él se la dará, pues Dios da a todos generosamente sin menospreciar a nadie.

PROVERBIOS 4:7

La sabiduría es lo primero. ¡Adquiere sabiduría!
Por sobre todas las cosas, adquiere discernimiento.

PROVERBIOS 24:14

Así de dulce sea la sabiduría a tu alma;
si das con ella, tendrás buen futuro;
tendrás una esperanza que no será destruida.

ECLESIASTÉS 7:11-12

Buena es la sabiduría sumada a la heredad, y provechosa para los que viven. Puedes ponerte a la sombra de la sabiduría o a la sombra del dinero, pero la sabiduría tiene la ventaja de dar vida a quien la posee.

PROVERBIOS 16:16

Más vale adquirir sabiduría que oro;
más vale adquirir inteligencia que plata.

ECLESIASTÉS 7:19

Más fortalece la sabiduría al sabio
que diez gobernantes a una ciudad.

SANTIAGO 3:17

La sabiduría que desciende del cielo es ante todo pura, y además pacífica, bondadosa, dócil, llena de compasión y de buenos frutos, imparcial y sincera.

ECLESIASTÉS 8:1

¿Quién como el sabio? ¿Quién conoce las respuestas? La sabiduría del hombre hace que resplandezca su rostro y se ablanden sus facciones.

Salvación

1 TIMOTEO 2:3-4

Esto es bueno y agradable a Dios nuestro Salvador, pues él quiere que todos sean salvos y lleguen a conocer la verdad.

2 CORINTIOS 6:2

Porque él dice:
«En el momento propicio te escuché,
y en el día de salvación te ayudé.»
Les digo que éste es el momento propicio de Dios;
¡hoy es el día de salvación!

ROMANOS 10:9

Si confiesas con tu boca que Jesús es el Señor, y crees en tu corazón que Dios lo levantó de entre los muertos, serás salvo.

HECHOS 10:43

De él dan testimonio todos los profetas, que todo el que cree en él recibe, por medio de su nombre, el perdón de los pecados.

HEBREOS 5:9

Y consumada su perfección, llegó a ser autor de salvación eterna para todos los que le obedecen.

MARCOS 16:16

El que crea y sea bautizado será salvo, pero el que no crea será condenado.

TITO 3:5

Él nos salvó, no por nuestras propias obras de justicia sino por su misericordia. Nos salvó mediante el lavamiento de la regeneración y de la renovación por el Espíritu Santo.

SALMO 40:2

Me sacó de la fosa de la muerte,
del lodo y del pantano;
puso mis pies sobre una roca,
y me plantó en terreno firme.

Sanidad

JEREMÍAS 33:6

Les daré salud y los curaré; los sanaré y haré que disfruten de abundante paz y seguridad.

OSEAS 14:4

Yo corregiré su rebeldía
y los amaré de pura gracia,
porque mi ira contra ellos se ha calmado.

1 PEDRO 2:24

Él mismo, en su cuerpo, llevó al madero nuestros pecados, para que muramos al pecado y vivamos para la justicia. Por sus heridas ustedes han sido sanados.

SALMO 103:2-3

Alaba, alma mía, al SEÑOR,
y no olvides ninguno de sus beneficios.
Él perdona todos tus pecados
y sana todas tus dolencias.

JEREMÍAS 30:17

«Pero yo te restauraré
y sanaré tus heridas
—afirma el SEÑOR—
porque te han llamado la Desechada,
la pobre Sión, la que a nadie le importa.»

JEREMÍAS 17:14

Sáname, SEÑOR, y seré sanado;
sálvame y seré salvado,
porque tú eres mi alabanza.

SANTIAGO 5:15-16

La oración de fe sanará al enfermo y el Señor lo levantará. Y si ha pecado, su pecado se le perdonará. Por eso, confiésense unos a otros sus pecados, y oren unos por otros, para que sean sanados. La oración del justo es poderosa y eficaz.

SALMO 30:2

SEÑOR, mi Dios, te pedí ayuda
y me sanaste.

Santidad

1 TESALONICENSES 5:23

Que Dios mismo, el Dios de paz, los santifique por completo, y conserve todo su ser —espíritu, alma y cuerpo— irreprochable para la venida de nuestro Señor Jesucristo.

1 PEDRO 1:15-16

Más bien, sean ustedes santos en todo lo que hagan, como también es santo quien los llamó; pues está escrito: «Sean santos, porque yo soy santo.»

1 TESALONICENSES 4:7

Dios no nos llamó a la impureza sino a la santidad.

EFESIOS 1:4-6

Dios nos escogió en él antes de la creación del mundo, para que seamos santos y sin mancha delante de él. En amor nos predestinó para ser adoptados como hijos suyos por medio de Jesucristo, según el buen propósito de su voluntad, para alabanza de su gloriosa gracia, que nos concedió en su Amado.

2 CORINTIOS 7:1

Como tenemos estas promesas, queridos hermanos,
purifiquémonos de todo lo que contamina el cuerpo y
el espíritu, para completar en el temor de Dios la obra
de nuestra santificación.

ROMANOS 6:22

Ahora que han sido liberados del pecado y se han
puesto al servicio de Dios, cosechan la santidad que
conduce a la vida eterna.

SALMO 84:11

El SEÑOR es sol y escudo;
Dios nos concede honor y gloria.
El SEÑOR brinda generosamente su bondad
a los que se conducen sin tacha.

SALMO 119:1

Dichosos los que van por caminos perfectos,
los que andan conforme a la ley del SEÑOR.

PROVERBIOS 11:5

La justicia endereza el camino de los íntegros,
pero la maldad hace caer a los impíos.

Satisfacción

ECLESIASTÉS 5:18

Esto es lo que he comprobado: que en esta vida lo mejor es comer y beber, y disfrutar del fruto de nuestros afanes. Es lo que Dios nos ha concedido; es lo que nos ha tocado.

ECLESIASTÉS 2:24

Nada hay mejor para el hombre que comer y beber, y llegar a disfrutar de sus afanes. He visto que también esto proviene de Dios

SALMO 103:5

Él colma de bienes tu vida
y te rejuvenece como a las águilas.

SALMO 37:4

Deléitate en el SEÑOR,
y él te concederá los deseos de tu corazón.

SALMO 107:8-9

¡Que den gracias al SEÑOR por su gran amor,
por sus maravillas en favor nuestro!

¡Él apaga la sed del sediento,
y sacia con lo mejor al hambriento!

SALMO 90:14
Sácianos de tu amor por la mañana,
y toda nuestra vida cantaremos de alegría.

JEREMÍAS 31:25
Daré de beber a los sedientos y saciaré a los que estén
agotados.

LUCAS 6:21
Dichosos ustedes que ahora pasan hambre,
porque serán saciados.

SALMO 91:16
Lo colmaré con muchos años de vida
y le haré gozar de mi salvación.

SALMO 132:15
Bendeciré con creces sus provisiones,
y saciaré de pan a sus pobres.

Seguridad

HEBREOS 11:1

Ahora bien, la fe es la garantía de lo que se espera, la certeza de lo que no se ve.

ROMANOS 8:38-39

Pues estoy convencido de que ni la muerte ni la vida, ni los ángeles ni los demonios, ni lo presente ni lo por venir, ni los poderes, ni lo alto ni lo profundo, ni cosa alguna en toda la creación, podrá apartarnos del amor que Dios nos ha manifestado en Cristo Jesús nuestro Señor.

ISAÍAS 54:10

Aunque cambien de lugar las montañas
y se tambaleen las colinas,
no cambiará mi fiel amor por ti
ni vacilará mi pacto de paz,
dice el SEÑOR, que de ti se compadece.

JUAN 10:27-29

Mis ovejas oyen mi voz; yo las conozco y ellas me siguen. Yo les doy vida eterna, y nunca perecerán, ni nadie podrá arrebatármelas de la mano. Mi Padre, que me las ha dado, es más grande que todos; y de la mano del Padre nadie las puede arrebatar.

1 TIMOTEO 3:13

Los que ejercen bien el diaconado se ganan un lugar de honor y adquieren mayor confianza para hablar de su fe en Cristo Jesús.

2 TIMOTEO 1:12

Por ese motivo padezco estos sufrimientos. Pero no me avergüenzo, porque sé en quién he creído, y estoy seguro de que tiene poder para guardar hasta aquel día lo que le he confiado.

HEBREO 10:19,22

Así que, hermanos, mediante la sangre de Jesús, tenemos plena libertad para entrar en el Lugar Santísimo … Acerquémonos, pues, a Dios con corazón sincero y con la plena seguridad que da la fe, interiormente purificados de una conciencia culpable y exteriormente lavados con agua pura.

1 JUAN 5:14-15

Ésta es la confianza que tenemos al acercarnos a Dios: que si pedimos conforme a su voluntad, él nos oye. Y si sabemos que Dios oye todas nuestras oraciones, podemos estar seguros de que ya tenemos lo que le hemos pedido.

Serenidad

SALMO 46:10

«Quédense quietos, reconozcan que yo soy Dios.
¡Yo seré exaltado entre las naciones!
¡Yo seré enaltecido en la tierra!»

SALMO 4:4

Si se enojan, no pequen;
en la quietud del descanso nocturno
examínense el corazón.

SALMO 89:9

Tú gobiernas sobre el mar embravecido;
tú apaciguas sus encrespadas olas.

SALMO 107:28-30

En su angustia clamaron al SEÑOR,
y él los sacó de su aflicción.
Cambió la tempestad en suave brisa:
se sosegaron las olas del mar.
Ante esa calma se alegraron,
y Dios los llevó al puerto anhelado.

SALMO 4:8

En paz me acuesto y me duermo,
porque sólo tú, SEÑOR, me haces vivir confiado.

SALMO 23:1-2

El SEÑOR es mi pastor, nada me falta;
en verdes pastos me hace descansar.
Junto a tranquilas aguas me conduce

1 CORINTIOS 14:33

Dios no es un Dios de desorden sino de paz.

PROVERBIOS 1:33

El que me obedezca vivirá tranquilo,
sosegado y sin temor del mal.

1 TESALONICENSES 4:10-12

Hermanos, les animamos … a procurar vivir en paz
con todos, a ocuparse de sus propias responsabilidades
y a trabajar con sus propias manos. Así les he mandado, para que por su modo de vivir se ganen el respeto
de los que no son creyentes, y no tengan que depen-
der de nadie.

Servicio

SALMO 34:22

El SEÑOR libra a sus siervos;
no serán condenados los que en él confían.

1 CRÓNICAS 28:9

Reconoce al Dios de tu padre, y sírvele de todo
corazón y con buena disposición, pues el SEÑOR
escudriña todo corazón y discierne todo pensamiento.
Si lo buscas, te permitirá que lo encuentres; si lo
abandonas, te rechazará para siempre.

COLOSENSES 3:23-24

Hagan lo que hagan, trabajen de buena gana, como
para el Señor y no como para nadie en este mundo,
conscientes de que el Señor los recompensará con la
herencia. Ustedes sirven a Cristo el Señor.

ROMANOS 12:11

Nunca dejen de ser diligentes; antes bien, sirvan al
Señor con el fervor que da el Espíritu.

EFESIOS 6:7

Sirvan de buena gana, como quien sirve al Señor y no
a los hombres.

1 PEDRO 4:11

El que habla, hágalo como quien expresa las palabras mismas de Dios; el que presta algún servicio, hágalo como quien tiene el poder de Dios. Así Dios será en todo alabado por medio de Jesucristo, a quien sea la gloria y el poder por los siglos de los siglos. Amén.

SANTIAGO 2:15-16

Supongamos que un hermano o una hermana no tienen con qué vestirse y carecen del alimento diario, y uno de ustedes les dice: «Que les vaya bien; abríguense y coman hasta saciarse», pero no les da lo necesario para el cuerpo. ¿De qué servirá eso?

SANTIAGO 1:27

La religión pura y sin mancha delante de Dios nuestro Padre es ésta: atender a los huérfanos y a las viudas en sus aflicciones, y conservarse limpio de la corrupción del mundo.

LUCAS 17:10

Así también ustedes, cuando hayan hecho todo lo que se les ha mandado, deben decir: «Somos siervos inútiles; no hemos hecho más que cumplir con nuestro deber.»

Sinceridad

1 TIMOTEO 1:5

Debes hacerlo así para que el amor brote de un corazón limpio, de una buena conciencia y de una fe sincera.

1 JUAN 3:18

Queridos hijos, no amemos de palabra ni de labios para afuera, sino con hechos y de verdad.

SANTIAGO 2:14-18

Hermanos míos, ¿de qué le sirve a uno alegar que tiene fe, si no tiene obras? ¿Acaso podrá salvarlo esa fe? Supongamos que un hermano o una hermana no tienen con qué vestirse y carecen del alimento diario, y uno de ustedes les dice: «Que les vaya bien; abríguense y coman hasta saciarse», pero no les da lo necesario para el cuerpo. ¿De qué servirá eso? Así también la fe por sí sola, si no tiene obras, está muerta.

Sin embargo, alguien dirá: «Tú tienes fe, y yo tengo obras.»

1 CORINTIOS 5:8

Celebremos nuestra Pascua no con la vieja levadura, que es la malicia y la perversidad, sino con pan sin levadura, que es la sinceridad y la verdad.

JOSUÉ 24:14

Ahora ustedes entréguense al SEÑOR y sírvanle fielmente.

FILIPENSES 1:9-10

Esto es lo que pido en oración: que el amor de ustedes abunde cada vez más en conocimiento y en buen juicio, para que disciernan lo que es mejor, y sean puros e irreprochables para el día de Cristo.

HEBREOS 10:19,22

Así que, hermanos, mediante la sangre de Jesús, tenemos plena libertad para entrar en el Lugar Santísimo … Acerquémonos, pues, a Dios con corazón sincero y con la plena seguridad que da la fe, interiormente purificados de una conciencia culpable y exteriormente lavados con agua pura.

TITO 2:7-8

Con tus buenas obras, dales tú mismo ejemplo en todo. Cuando enseñes, hazlo con integridad y seriedad, y con un mensaje sano e intachable. Así se avergonzará cualquiera que se oponga, pues no podrá decir nada malo de nosotros.

2 CORINTIOS 1:12

Para nosotros, el motivo de satisfacción es el testimonio de nuestra conciencia: Nos hemos comportado en el mundo, y especialmente entre ustedes, con la santidad y sinceridad que vienen de Dios. Nuestra conducta no se ha ajustado a la sabiduría humana sino a la gracia de Dios.

Soltería

SALMO 68:6

Dios da un hogar a los desamparados
y libertad a los cautivos;
los rebeldes habitarán en el desierto.

MATEO 28:20

Enseñándoles a obedecer todo lo que les he mandado
a ustedes. Y les aseguro que estaré con ustedes siempre, hasta el fin del mundo.

SALMO 73:23

Yo siempre estoy contigo,
pues tú me sostienes de la mano derecha.

OSEAS 2:19-20

Yo te haré mi esposa para siempre,
y te daré como dote el derecho y la justicia,
el amor y la compasión.
Te daré como dote mi fidelidad,
y entonces conocerás al SEÑOR.

ISAÍAS 61:10

Me deleito mucho en el SEÑOR;
me regocijo en mi Dios.

Porque él me vistió con ropas de salvación
y me cubrió con el manto de la justicia.
Soy semejante a un novio que luce su diadema,
o una novia adornada con sus joyas.

ISAÍAS 54:5

Porque el que te hizo es tu esposo;
su nombre es el SEÑOR Todopoderoso.
Tu Redentor es el Santo de Israel;
¡Dios de toda la tierra es su nombre!

1 CORINTIOS 7:32

Yo preferiría que estuvieran libres de preocupaciones.
El soltero se preocupa de las cosas del Señor y de
cómo agradarlo.

1 CORINTIOS 7:34-35

Sus intereses están divididos. La mujer no casada, lo
mismo que la joven soltera, se preocupa de las cosas
del Señor; se afana por consagrarse al Señor tanto en
cuerpo como en espíritu. Pero la casada se preocupa
de las cosas de este mundo y de cómo agradar a su
esposo. Les digo esto por su propio bien, no para
ponerles restricciones sino para que vivan con decoro
y plenamente dedicados al Señor.

Testificación

ISAÍAS 52:7

¡Qué hermosos son, sobre los montes,
los pies del que trae buenas nuevas;
del que proclama la paz,
del que anuncia buenas noticias,
del que proclama la salvación,
del que dice a Sión: «Tu Dios reina»!

MATEO 28:18-20

Jesús se acercó entonces a ellos y les dijo:
—Se me ha dado toda autoridad en el cielo y en la
tierra. Por tanto, vayan y hagan discípulos de todas las
naciones, bautizándolos en el nombre del Padre y del
Hijo y del Espíritu Santo, enseñándoles a obedecer
todo lo que les he mandado a ustedes. Y les aseguro
que estaré con ustedes siempre, hasta el fin del
mundo.

MARCOS 16:15

Les dijo: «Vayan por todo el mundo y anuncien las
buenas nuevas a toda criatura.»

2 CORINTIOS 4:13

Escrito está: «Creí, y por eso hablé.» Con ese mismo espíritu de fe también nosotros creemos, y por eso hablamos.

COLOSENSES 1:28

A este Cristo proclamamos, aconsejando y enseñando con toda sabiduría a todos los seres humanos, para presentarlos a todos perfectos en él.

1 PEDRO 3:15-16

Estén siempre preparados para responder a todo el que les pida razón de la esperanza que hay en ustedes. Pero háganlo con gentileza y respeto, manteniendo la conciencia limpia, para que los que hablan mal de la buena conducta de ustedes en Cristo, se avergüencen de sus calumnias.

MATEO 5:16

Hagan brillar su luz delante de todos, para que ellos puedan ver las buenas obras de ustedes y alaben al Padre que está en el cielo.

MATEO 24:14

Y este evangelio del reino se predicará en todo el mundo como testimonio a todas las naciones, y entonces vendrá el fin.

Trabajo

1 TIMOTEO 4:9-10

Este mensaje es digno de crédito y merece ser aceptado por todos. En efecto, si trabajamos y nos esforzamos es porque hemos puesto nuestra esperanza en el Dios viviente, que es el Salvador de todos, especialmente de los que creen.

1 CORINTIOS 15:58

Mis queridos hermanos, manténganse firmes e inconmovibles, progresando siempre en la obra del Señor, conscientes de que su trabajo en el Señor no es en vano.

ROMANOS 12:11

Nunca dejen de ser diligentes; antes bien, sirvan al Señor con el fervor que da el Espíritu.

TITO 3:14

Que aprendan los nuestros a empeñarse en hacer buenas obras, a fin de que atiendan a lo que es realmente necesario y no lleven una vida inútil.

ECLESIASTÉS 5:18

Esto es lo que he comprobado: que en esta vida lo mejor es comer y beber, y disfrutar del fruto de nuestros afanes. Es lo que Dios nos ha concedido; es lo que nos ha tocado.

PROVERBIOS 13:4

El perezoso ambiciona, y nada consigue;
el diligente ve cumplidos sus deseos.

PROVERBIOS 10:4

Las manos ociosas conducen a la pobreza;
las manos hábiles atraen riquezas.

ECLESIASTÉS 5:12

El trabajador duerme tranquilo, coma mucho o coma poco. Al rico sus muchas riquezas no lo dejan dormir.

HEBREOS 4:9-10

Queda todavía un reposo especial para el pueblo de Dios; porque el que entra en el reposo de Dios descansa también de sus obras, así como Dios descansó de las suyas.

Unidad

SALMO 103:1

Alaba, alma mía, al SEÑOR;
alabe todo mi ser su santo nombre.

EFESIOS 4:4-6

Hay un solo cuerpo y un solo Espíritu, así como también fueron llamados a una sola esperanza; un solo
Señor, una sola fe, un solo bautismo; un solo Dios y
Padre de todos, que está sobre todos y por medio de
todos y en todos.

GÁLATAS 3:28

Ya no hay judío ni griego, esclavo ni libre, hombre ni
mujer, sino que todos ustedes son uno solo en Cristo
Jesús.

2 CORINTIOS 13:11

En fin, hermanos, alégrense, busquen su restauración, hagan caso de mi exhortación, sean de un
mismo sentir, vivan en paz. Y el Dios de amor y de
paz estará con ustedes.

COLOSENSES 2:2

Quiero que lo sepan para que cobren ánimo, permanezcan unidos por amor, y tengan toda la riqueza que proviene de la convicción y del entendimiento. Así conocerán el misterio de Dios, es decir, a Cristo.

1 CORINTIOS 12:13

Todos fuimos bautizados por un solo Espíritu para constituir un solo cuerpo —ya seamos judíos o gentiles, esclavos o libres—, y a todos se nos dio a beber de un mismo Espíritu.

1 PEDRO 4:10

Cada uno ponga al servicio de los demás el don que haya recibido, administrando fielmente la gracia de Dios en sus diversas formas.

EFESIOS 4:11-13

Él mismo constituyó a unos, apóstoles; a otros, profetas; a otros, evangelistas; y a otros, pastores y maestros, a fin de capacitar al pueblo de Dios para la obra de servicio, para edificar el cuerpo de Cristo. De este modo, todos llegaremos a la unidad de la fe y del conocimiento del Hijo de Dios, a una humanidad perfecta que se conforme a la plena estatura de Cristo.

Valentía

SALMO 31:24

Cobren ánimo y ármense de valor,
todos los que en el SEÑOR esperan.

SALMO 27:14

Pon tu esperanza en el SEÑOR;
ten valor, cobra ánimo;
¡pon tu esperanza en el SEÑOR!

ISAÍAS 43:2-3

Cuando cruces las aguas,
yo estaré contigo;
cuando cruces los ríos,
no te cubrirán sus aguas;
cuando camines por el fuego,
no te quemarás ni te abrasarán las llamas.
Yo soy el SEÑOR, tu Dios,
el Santo de Israel, tu salvador

DEUTERONOMIO 7:21

No te asustes ante ellos, pues el SEÑOR tu Dios, el
Dios grande y temible, está contigo.

SALMO 28:7

El SEÑOR es mi fuerza y mi escudo;
mi corazón en él confía;
de él recibo ayuda.
Mi corazón salta de alegría,
y con cánticos le daré gracias.

ISAÍAS 41:10

Así que no temas, porque yo estoy contigo;
no te angusties, porque yo soy tu Dios.
Te fortaleceré y te ayudaré;
te sostendré con mi diestra victoriosa.

SALMO 18:32

Es él quien me arma de valor
y endereza mi camino

ISAÍAS 40:29

Él fortalece al cansado
y acrecienta las fuerzas del débil.

SALMO 18:29

Con tu apoyo me lanzaré contra un ejército;
contigo, Dios mío, podré asaltar murallas.

ISAÍAS 50:7

Por cuanto el SEÑOR omnipotente me ayuda,
no seré humillado.
Por eso endurecí mi rostro como el pedernal,
y sé que no seré avergonzado.

Valor

HEBREO 10:23

Mantengamos firme la esperanza que profesamos,
porque fiel es el que hizo la promesa.

ROMANOS 1:16

A la verdad, no me avergüenzo del evangelio, pues es
poder de Dios para la salvación de todos los que
creen: de los judíos primeramente, pero también de
los gentiles.

FILIPENSES 1:20

Mi ardiente anhelo y esperanza es que en nada seré
avergonzado, sino que con toda libertad, ya sea que
yo viva o muera, ahora como siempre, Cristo será
exaltado en mi cuerpo.

2 TIMOTEO 1:12

Por ese motivo padezco estos sufrimientos. Pero no
me avergüenzo, porque sé en quién he creído, y estoy
seguro de que tiene poder para guardar hasta aquel
día lo que le he confiado.

SALMO 27:1

El SEÑOR es mi luz y mi salvación;
¿a quién temeré?

ROMANOS 8:31-32

¿Qué diremos frente a esto? Si Dios está de nuestra
parte, ¿quién puede estar en contra nuestra? El que no
escatimó ni a su propio Hijo, sino que lo entregó por
todos nosotros, ¿cómo no habrá de darnos generosamente, junto con él, todas las cosas?

DEUTERONOMIO 31:6

Sean fuertes y valientes. No teman ni se asusten ante
esas naciones, pues el SEÑOR su Dios siempre los
acompañará; nunca los dejará ni los abandonará.

SALMO 27:14

Pon tu esperanza en el SEÑOR;
ten valor, cobra ánimo;
¡pon tu esperanza en el SEÑOR!

ISAÍAS 40:29

Él fortalece al cansado
y acrecienta las fuerzas del débil.

Vejez

TITO 2:2-4
A los ancianos, enséñales que sean moderados, respetables, sensatos, e íntegros en la fe, en el amor y en la constancia. A las ancianas, enséñales que sean reverentes en su conducta, y no calumniadoras ni adictas al mucho vino. Deben enseñar lo bueno y aconsejar a las jóvenes a amar a sus esposos y a sus hijos.

1 CORINTIOS 13:11
Cuando yo era niño, hablaba como niño, pensaba como niño, razonaba como niño; cuando llegué a ser adulto, dejé atrás las cosas de niño.

PROVERBIOS 3:1-2
Hijo mío, no te olvides de mis enseñanzas;
más bien, guarda en tu corazón mis mandamientos.
Porque prolo ngarán tu vida muchos años
y te traerán prosperidad.

PROVERBIOS 9:11
Por mí aumentarán tus días;
muchos años de vida te serán añadidos.

SALMO 92:12-14
Como palmeras florecen los justos;
como cedros del Líbano crecen.

Plantados en la casa del SEÑOR,
florecen en los atrios de nuestro Dios.
Aun en su vejez, darán fruto;
siempre estarán vigorosos y lozanos.

PROVERBIOS 16:31
Las canas son una honrosa corona
que se obtiene en el camino de la justicia.

SALMO 71:17-18
Tú, oh Dios, me enseñaste desde mi juventud,
y aún hoy anuncio todos tus prodigios.
Aun cuando sea yo anciano y peine canas,
no me abandones, oh Dios,
hasta que anuncie tu poder
a la generación venidera,
y dé a conocer tus proezas
a los que aún no han nacido.

SALMO 37:25
He sido joven y ahora soy viejo,
pero nunca he visto justos en la miseria,
ni que sus hijos mendiguen pan.

ISAÍAS 46:4
Aun en la vejez, cuando ya peinen canas,
yo seré el mismo, yo los sostendré.
Yo los hice, y cuidaré de ustedes;
los sostendré y los libraré.

Verdad

PROVERBIOS 16:13

El rey se complace en los labios honestos;
aprecia a quien habla con la verdad.

SALMO 145:18

El SEÑOR está cerca de quienes lo invocan,
de quienes lo invocan en verdad.

JUAN 14:6

Yo soy el camino, la verdad y la vida —le contestó
Jesús—. Nadie llega al Padre sino por mí.

JUAN 8:32

Y conocerán la verdad, y la verdad los hará libres.

1 JUAN 5:20

También sabemos que el Hijo de Dios ha venido y
nos ha dado entendimiento para que conozcamos al
Dios verdadero. Y estamos con el Verdadero, con su
Hijo Jesucristo. Éste es el Dios verdadero y la vida
eterna.

JUAN 16:13

Cuando venga el Espíritu de la verdad, él los guiará a toda la verdad, porque no hablará por su propia cuenta sino que dirá sólo lo que oiga y les anunciará las cosas por venir.

PROVERBIOS 23:23

Adquiere la verdad y la sabiduría,
la disciplina y el discernimiento,
¡y no los vendas!

SALMO 119:160

La suma de tus palabras es la verdad;
tus rectos juicios permanecen para siempre.

JOSUÉ 23:14

Por mi parte, yo estoy a punto de ir por el camino que todo mortal transita. Ustedes bien saben que ninguna de las buenas promesas del SEÑOR su Dios ha dejado de cumplirse al pie de la letra. Todas se han hecho realidad, pues él no ha faltado a ninguna de ellas.

Victoria

1 CORINTIOS 15:57

¡Pero gracias a Dios, que nos da la victoria por medio de nuestro Señor Jesucristo!

JUAN 16:33

Yo les he dicho estas cosas para que en mí hallen paz. En este mundo afrontarán aflicciones, pero ¡anímense! Yo he vencido al mundo.

1 JUAN 5:4-5

Todo el que ha nacido de Dios vence al mundo. Ésta es la victoria que vence al mundo: nuestra fe. ¿Quién es el que vence al mundo sino el que cree que Jesús es el Hijo de Dios?

ROMANOS 16:20

Muy pronto el Dios de paz aplastará a Satanás bajo los pies de ustedes.

Que la gracia de nuestro Señor Jesús sea con ustedes.

SALMO 60:12

Con Dios obtendremos la victoria;
¡él pisoteará a nuestros enemigos!

1 JUAN 4:4

Ustedes, queridos hijos, son de Dios y han vencido a esos falsos profetas, porque el que está en ustedes es más poderoso que el que está en el mundo.

ROMANOS 8:37

En todo esto somos más que vencedores por medio de aquel que nos amó.

1 CORINTIOS 15:54

Cuando lo corruptible se revista de lo incorruptible, y lo mortal, de inmortalidad, entonces se cumplirá lo que está escrito: «La muerte ha sido devorada por la victoria.»

PROVERBIOS 2:7

Él reserva su ayuda para la gente íntegra y protege a los de conducta intachable.

PROVERBIOS 11:14

Sin dirección, la nación fracasa; el éxito depende de los muchos consejeros.

Vida

JUAN 6:35

Yo soy el pan de vida —declaró Jesús—. El que a mí viene nunca pasará hambre, y el que en mí cree nunca más volverá a tener sed.

JUAN 11:25-26

Entonces Jesús le dijo:

—Yo soy la resurrección y la vida. El que cree en mí vivirá, aunque muera; y todo el que vive y cree en mí no morirá jamás. ¿Crees esto?

ROMANOS 6:11

Considérense muertos al pecado, pero vivos para Dios en Cristo Jesús.

ROMANOS 8:2

Por medio de él la ley del Espíritu de vida me ha liberado de la ley del pecado y de la muerte.

JUAN 6:63

El Espíritu da vida; la carne no vale para nada. Las palabras que les he hablado son espíritu y son vida.

ROMANOS 8:11

Si el Espíritu de aquel que levantó a Jesús de entre los muertos vive en ustedes, el mismo que levantó a Cristo de entre los muertos también dará vida a sus cuerpos mortales por medio de su Espíritu, que vive en ustedes.

JOB 33:4

El Espíritu de Dios me ha creado;
me infunde vida el hálito del Todopoderoso.

HECHOS 2:28

Me has dado a conocer los caminos de la vida;
me llenarás de alegría en tu presencia.

PROVERBIOS 3:1-2

Hijo mío, no te olvides de mis enseñanzas;
más bien, guarda en tu corazón mis mandamientos.
Porque prolongarán tu vida muchos años
y te traerán prosperidad.

Vida eterna

1 JUAN 2:17

El mundo se acaba con sus malos deseos, pero el que hace la voluntad de Dios permanece para siempre.

ROMANOS 6:23

La paga del pecado es muerte, mientras que la dádiva de Dios es vida eterna en Cristo Jesús, nuestro Señor.

JUAN 3:16

Porque tanto amó Dios al mundo, que dio a su Hijo unigénito, para que todo el que cree en él no se pierda, sino que tenga vida eterna.

1 JUAN 5:11-12

Y el testimonio es éste: que Dios nos ha dado vida eterna, y esa vida está en su Hijo. El que tiene al Hijo, tiene la vida; el que no tiene al Hijo de Dios, no tiene la vida.

JUAN 11:25-26

Entonces Jesús le dijo:

—Yo soy la resurrección y la vida. El que cree en mí vivirá, aunque muera; y todo el que vive y cree en mí no morirá jamás. ¿Crees esto?

JUAN 3:36

El que cree en el Hijo tiene vida eterna; pero el que rechaza al Hijo no sabrá lo que es esa vida, sino que permanecerá bajo el castigo de Dios.

TITO 3:7

Así lo hizo para que, justificados por su gracia, llegáramos a ser herederos que abrigan la esperanza de recibir la vida eterna.

JUAN 10:27-29

Mis ovejas oyen mi voz; yo las conozco y ellas me siguen. Yo les doy vida eterna, y nunca perecerán, ni nadie podrá arrebatármelas de la mano. Mi Padre, que me las ha dado, es más grande que todos; y de la mano del Padre nadie las puede arrebatar.

JUAN 17:3

Y ésta es la vida eterna: que te conozcan a ti, el único Dios verdadero, y a Jesucristo, a quien tú has enviado.

Vida nueva

2 CORINTIOS 5:17

Si alguno está en Cristo, es una nueva creación. ¡Lo viejo ha pasado, ha llegado ya lo nuevo!

EZEQUIEL 11:19

Yo les daré un corazón íntegro, y pondré en ellos un espíritu renovado. Les arrancaré el corazón de piedra que ahora tienen, y pondré en ellos un corazón de carne.

ROMANOS 6:4

Mediante el bautismo fuimos sepultados con él en su muerte, a fin de que, así como Cristo resucitó por el poder del Padre, también nosotros llevemos una vida nueva.

JUAN 11:25-26

Entonces Jesús le dijo:

—Yo soy la resurrección y la vida. El que cree en mí vivirá, aunque muera; y todo el que vive y cree en mí no morirá jamás. ¿Crees esto?

EFESIOS 2:4-5

Pero Dios, que es rico en misericordia, por su gran amor por nosotros, nos dio vida con Cristo, aun cuando estábamos muertos en pecados. ¡Por gracia ustedes han sido salvados!

EZEQUIEL 36:26

Les daré un nuevo corazón, y les infundiré un espíritu nuevo; les quitaré ese corazón de piedra que ahora tienen, y les pondré un corazón de carne.

EFESIOS 4:24

[Pónganse] el ropaje de la nueva naturaleza, creada a imagen de Dios, en verdadera justicia y santidad.

COLOSENSES 3:9-10

Dejen de mentirse unos a otros, ahora que se han quitado el ropaje de la vieja naturaleza con sus vicios, y se han puesto el de la nueva naturaleza, que se va renovando en conocimiento a imagen de su Creador.

Voluntad de Dios

1 JUAN 2:17

El mundo se acaba con sus malos deseos, pero el que hace la voluntad de Dios permanece para siempre.

ROMANOS 12:2

No se amolden al mundo actual, sino sean transformados mediante la renovación de su mente. Así podrán comprobar cuál es la voluntad de Dios, buena, agradable y perfecta.

EFESIOS 1:9-10

Él nos hizo conocer el misterio de su voluntad conforme al buen propósito que de antemano estableció en Cristo, para llevarlo a cabo cuando se cumpliera el tiempo: reunir en él todas las cosas, tanto las del cielo como las de la tierra.

GÁLATAS 1:3-5

Que Dios nuestro Padre y el Señor Jesucristo les concedan gracia y paz. Jesucristo dio su vida por nuestros pecados para rescatarnos de este mundo malvado, según la voluntad de nuestro Dios y Padre, a quien sea la gloria por los siglos de los siglos. Amén.

EFESIOS 1:11-12

En Cristo también fuimos hechos herederos, pues fuimos predestinados según el plan de aquel que hace todas las cosas conforme al designio de su voluntad, a fin de que nosotros, que ya hemos puesto nuestra esperanza en Cristo, seamos para alabanza de su gloria.

JUAN 6:40

Porque la voluntad de mi Padre es que todo el que reconozca al Hijo y crea en él, tenga vida eterna, y yo lo resucitaré en el día final.

1 TESALONICENSES 4:3-4

La voluntad de Dios es que sean santificados; que se aparten de la inmoralidad sexual; que cada uno aprenda a controlar su propio cuerpo de una manera santa y honrosa.

1 PEDRO 2:15

Porque ésta es la voluntad de Dios: que, practicando el bien, hagan callar la ignorancia de los insensatos.

1 TESALONICENSES 5:16-18

Estén siempre alegres, oren sin cesar, den gracias a Dios en toda situación, porque esta es su voluntad para ustedes en Cristo Jesús.

SANTIAGO 4:15

Más bien, debieran decir: «Si el Señor quiere, viviremos y haremos esto o aquello.»

Índice

Índice

Versículos favoritos

Versículos favoritos

Versículos favoritos

Versículos favoritos

Nos agradaría recibir noticias suyas.
Por favor, envíe sus comentarios sobre este libro
a la dirección que aparece a continuación.
Muchas gracias.

Editorial Vida
7500 NW 25 Street, Suite 239
Miami, Florida 33122

Vidapub.sales@zondervan.com
http://www.editorialvida.com

Promesas Eternas *para* ti

«Ninguna de las buenas promesas del SEÑOR …
ha dejado de cumplirse al pie de la letra. Todas se han
hecho realidad, pues él no ha faltado a ninguna de ellas.»

Josué 23:14

Para cada circunstancia y etapa de la vida, Dios nos
promete brindarnos dirección, paz, sabiduría y perspec-
tiva. *Promesas Eternas para ti* es una colección de más de
mil quinientos versículos de la Escritura ordenados en
ciento treinta aspectos tales como oración, dirección,
sanidad, valor y muchos más.

Los pasajes en *Promesas Eternas para ti* se tomaron de la
Nueva Versión Internacional: la traducción más popular
de la Biblia.

EDITORIAL **Vida**

DEDICADOS A LA EXCELENCIA

WWW.EDITORIALVIDA.COM

ZONDERVAN

WWW.ZONDERVAN.COM

ISBN 082973350-7

90000

EAN

9 780829 733501

Categoría: Inspiración